Carmen Schoen

Mandantengespräche erfolgreich führen

Herausgeber:
SCHOEN Managementberatung

Bibliografische Information der
Deutschen Nationalbibliothek: Die Deutsche
Nationalbibliothek verzeichnet diese
Publikation in der Deutschen
Nationalbibliografie; detaillierte
bibliografische Daten sind im Internet
über http://dnb.dnb.de abrufbar.

Umschlagdesign: Manfred Gerlach
Herstellung und Verlag: BoD –
Books on Demand, Norderstedt

ISBN: 9-783748-181316

Kapitel 1

Grundlagen der Kommunikation
Das sollten Sie beachten 9

Kapitel 2

Angenehm wirken
So punkten Sie beim
Gesprächseinstieg 26

Kapitel 3

Wo drückt der „Schuh"?
So erkunden Sie den Bedarf
des Mandanten 46

Kapitel 4

Sich selbst und sein Produkt
professionell präsentieren
So entfalten Sie Wirkung 65

Kapitel 5

Einwände und Hindernisse des Mandanten überwinden Bleiben Sie dran! 79

Kapitel 6

Die Verabschiedung Bleiben Sie verbindlich 90

Kapitel 7

Wenn es mal nicht so gut läuft So sprechen Sie Kritik professionell an 97

Kapitel 8

Aktivierung eines alten Kontaktes Sagen Sie nie, es ist zu spät! 115

Kapitel 1

Grundlagen der Kommunikation Das sollten Sie beachten

Kommunikation, das gute und überzeugende Gespräch sowie ein angemessener Auftritt gehören als Rechtsanwalt zu Ihrem Tagesgeschäft. Ihre Dienstleitung bzw. Ihr Produkt kann der Mandant nicht anfassen und testen. Sie verkörpern als Anwalt diese Leistung und geben ein Versprechen ab. Woran sonst soll sich der Mandant also halten, wenn nicht an die Art und Weise, wie Sie kommunizieren, auftreten und wirken?

In diesem Buch soll es zunächst um Kommunikation und das gute, professionelle und überzeugende Mandantengespräch gehen. Die Themen Auftritt und Wirkung werden in einem späteren Werk besprochen.

Obwohl ein gutes Gespräch für den Rechtsanwalt so wichtig ist, wird es oftmals nicht regelmäßig in Kanzleien trainiert. Eigentlich erstaunlich. Die meisten Anwälte haben sich im Laufe ihres Berufslebens einen gewissen Gesprächsstil angeeignet, der mal mehr, mal weniger erfolgreich ist. Auch wenn das ein oder andere Kommunikationstraining von Ihnen absolviert wurde, Ihr Erfolg wird allein vom täglichen Training abhängen.

Vielen sehr guten Anwälten, die ich kenne, fehlt es zum Teil an Übung und Lockerheit, um in Mandantengesprächen optimal herüberzukommen. Hin und wieder sind einige Anwälte auch unsicher, wie sie sprachlich ein Thema transportieren sollen. Ein Buch über Kommunikation und Gesprächstechnik zu lesen, ist sicher ein guter Anfang, reicht aber nicht aus, um ein überzeugender und souveräner Gesprächspartner zu werden.

Bevor wir zum eigentlichen Mandantengespräch kommen, lassen Sie uns zunächst kurz einige kommunikative Grundlagen besprechen. Da es unzählige gute Bücher zum Thema Kommunikation gibt, möchte ich zur Einführung nur auf einige wichtige Punkte zu sprechen kommen.

Sie können nicht *nicht* wirken

„Man kann nicht *nicht* kommunizieren".

Diese Feststellung von Paul Watzlawick werden die meisten Anwälte unter Ihnen sicher bereits schon einmal gehört haben. Es geht in der Kommunikation nicht nur um das gesprochene Wort, sondern auch um die nonverbale Wirkung. Das gesprochene Wort und die Körpersprache müssen miteinander im Einklang stehen. Senden Sie auf diesen Ebenen unterschiedliche Inhalte, dann schwächen Sie dadurch Ihre Aussage. Es zählt immer der „Gesamtauftritt".

Beispiel:

Rechtsanwalt Dr. Lob ist ein sehr introvertierter Mensch. Er spricht eher selten und nur dann, wenn er der Meinung ist, wirklich etwas zu sagen zu haben. In Meetings und Netzwerkgesprächen hält er sich daher ganz bewusst zurück und hört sehr interessiert zu, was die anderen zu erzählen haben. Dabei ist er immer wieder erstaunt festzustellen zu müssen, dass Menschen gerne etwas zu wiederholen scheinen, was ein anderer bereits gesagt hat. Einfach nur, um zu sprechen und sich zu zeigen. Dr. Lob ist ein derartiges Verhalten sehr fremd und er hat kein Interesse, in diesen „Zirkus" einzusteigen.

Mandanten und Netzwerkpartner kommen nur selten auf ihn zu, wie er feststellt. Dabei würde er sich sehr gerne mehr mit dem ein oder anderen austauschen. Vor zwei Wochen hatte er ein Coaching zum Thema Auftritt und Wirkung. Dr. Lob hält von solchen Veranstaltungen wenig und hat daran nur teilgenommen, um für seine Associates ein gutes Vorbild zu sein. Die Kanzlei hat mittlerweile ein internes Trainingsprogramm aufgebaut, an denen alle - auch Partner - teilnehmen sollen. Eine Aufgabe dort war, sich selbst in einer Gruppendiskussion einzubringen. Später wurde das Video ausgewertet.

Dr. Lob war und ist auch heute noch entsetzt. Er hat sich selbst noch nie von außen betrachtet und stellt fest, dass er eine sehr verschlossene, fast schon feindlich-unfreundliche Körpersprache hat. Obwohl er interessiert der Gruppendiskussion gelauscht hat, kam das in seiner Mimik und Gestik ganz anders herüber. So lautete nicht nur sein Fazit, sondern auch das Feedback der anderen

Teilnehmer und des Trainers. Sein Blick ist starr, sein Mund angespannt und er verschränkt seine Hände vor der Brust. Er kann sich das selbst nur so erklären, dass er konzentriert ist und dadurch eine gewisse Anspannung im Körper zeigt.

Dr. Lob ist nun klar, dass Mandanten ihn auch schweigend als keinen attraktiven Gesprächspartner erleben und möchte daran unbedingt arbeiten. Was genau kann er tun, um offener und freundlicher herüberzukommen?

Menschen wirken nicht nur über ihren Inhalt, sondern auch über ihre Körpersprache und Stimme. Dabei sollen die körpersprachlichen Signale über 60% der Wirkung ausmachen, die stimmlichen Elemente ca. 30%. Insofern können Sie nicht *nicht* wirken und kommunizieren, da Ihr Körper permanent Signale in den Raum und zum Gegenüber sendet.

Oftmals ist uns dieses nicht bewusst, da wir uns nur selten von außen betrachten und uns während eines Gesprächs nicht „aus der Metaebene" wahrnehmen. Das Thema Körpersprache und Stimme vertiefe ich an einer anderen Stelle. Wenn Sie aber schon jetzt daran arbeiten möchten, können Sie folgendes tun:

• **Beobachten Sie bitte in den nächsten Gesprächen andere Menschen (gerade die Schweigenden) und nehmen wahr, welche Signale diese mit ihrem Körper senden - welche Signale nehmen Sie als offen und freundlich wahr?**

- Lassen Sie sich von außen öfter Feedback geben, wie genau Sie in einzelnen Situationen wirken, hören Sie aufmerksam zu und überlegen sich, woran genau Sie arbeiten möchten

- Probieren Sie einfach einmal aus, sich ganz bewusst in andere Körperhaltungen zu bringen (Lächeln Sie etwas mehr, halten Sie mehr Blickkontakt, verändern Sie Ihre Körperspannung etc.) und nehmen Sie wahr, wie Sie sich dabei fühlen. Stellen Sie anderen die Kontrollfrage, ob sie Ihre Veränderung wahrnehmen

- Nutzen Sie jede Gelegenheit, sich anhand eines Videos zu betrachten und schauen Sie, wie genau Sie heute wirken und was Sie konkret verändern möchten

- Beobachten Sie genau, wie Ihre Stimmung Ihre Körpersprache und Stimme beeinflusst. Stellen Sie eine Veränderung fest, wenn Sie unter Stress stehen oder entspannt in ein Gespräch gehen? Und was ganz genau ist dann anders?

Die Bedeutung einer Nachricht bestimmt Ihr Empfänger

Beispiel:

Die Nerven von Rechtsanwältin Mau liegen heute mal wieder blank. Einige ihrer Mandanten scheinen einfach nicht in der Lage zu sein, sie zu verstehen. Sie stellt im aktuellen Mandat x fest, dass der Rechtsabteilungsleiter Y ihr immer wieder Unterlagen sendet, nach denen sie gar nicht gefragt hat. Dagegen wartet sie vergeblich auf jene, die besprochen waren.

Scheinbar scheint Herr Y nicht wirklich konzentriert zuzuhören, oder liegt es eventuell doch an ihr? Drückt sie sich nicht deutlich genug aus?

Einfach nur eine Nachricht an den Mandanten zu senden und zu hoffen, dass diese auch richtig angekommen ist, ist leider zu wenig.

Menschen nehmen Informationen unterschiedlich auf. Wenn Sie sicherstellen möchten, dass Ihre Nachricht auch wirklich mit dem Inhalt ankommt, der gemeint war, dann können sie folgendes tun:

- **Lassen Sie Ihren Mandanten nach dem Gespräch noch einmal kurz zusammenfassen, was genau er verstanden hat. Wenn etwas anders angekommen ist, als es gemeint war, dann stellen Sie dieses richtig, ohne dem anderen einen Vorwurf zu machen**

- **Alternativ können Sie auch nach dem Gespräch in Ihren Worten das Gesagte noch einmal skizzieren und den Mandanten bitten, dieses kurz zu bestätigen**

Beispiel:

„Liebe(r) Frau/Herr Y, es ist manchmal ja nicht ganz so einfach, alle Themen richtig zu transportieren, da die Wahrnehmung von Menschen immer individuell ist. Um ganz sicher zu gehen, dass wir über das gleiche sprechen, darf ich sie bitten, in ihren eigenen Worten noch einmal kurz zusammenzufassen, was sie verstanden haben?"

Variante eins ist „treffsicherer", da Sie gleich anhand der Formulierung und Betonung des Mandanten wahrnehmen können, ob die Nachricht und Information so angekommen ist, wie es von Ihnen gemeint war. Diese Technik können Sie natürlich in allen Gesprächen, auch mit Mitarbeitern oder Kollegen anwenden. So werden Briefings zukünftig fehlerfrei übermittelt.

Möchten Sie schon im Gespräch mit dem Mandanten sicherzustellen, dass er Ihnen zuhört, „bei Ihnen ist" und sie „versteht", dann achten Sie auf seine so genannten Rücksende Signale:

- **Ihr Mandant oder Gesprächspartner bestätigt Ihre Punkte, die Sie ihm übermitteln möchten, mit einem „Kopfnicken"**

- **Er ist bei der Sache und hört Ihnen aufmerksam zu, ohne sich mit anderen Tätigkeiten abzulenken (Blick auf das Handy, Blättern von Unterlagen, Herumschauen im Raum etc.)**

- **Er stellt vertiefte und weiterführende Fragen zu**

dem Thema, das Sie ihm gerade beschreiben

- Er entwickelt eigene Ideen und führt Ihren Gedankengang weiter

Jeder Mensch kommuniziert etwas anders

Beispiel:

Rechtsanwalt Dr. Klapp hat einen überzeugenden ersten Auftritt. Er ist ein offener, sympathischer Mensch mit vielen Interessen und weiß genau, wie er sich gut darstellt. Small Talk und der Gesprächseinstieg in Netzwerken sind für ihn überhaupt gar kein Problem. Geht das Gespräch dann etwas weiter, verliert er aber häufig die Aufmerksamkeit seines Gegenübers. Er versteht selbst gar nicht, was genau immer schief läuft. Vielleicht liegt es an seinem Kommunikationsstil?

Seine Art zu kommunizieren und Kontakt zum Mandanten aufzubauen besteht darin, viel und begeistert über sich und seine Erfolge zu berichten. Bislang war er auch immer der Meinung, dass diese Art zu sprechen genau das ist, was der Mandant von ihm erwartet. Schließlich möchte der Mandant mit einem erfolgreichen Anwalt zusammenarbeiten.

Er wendet sich an seine Kollegin Dr. Mau, von der er sehr viel hält und bittet um ein Feedback. Dr. Mau stellt ihm die Frage, welchen Kommunikationsstil denn die

Mandanten von Dr. Klapp bevorzugen. Diese Frage erwischt Dr. Klapp unvorbereitet. Er hat sich in seinem Leben noch nie Gedanken darüber gemacht, wie sein Gegenüber kommuniziert. Ist es nicht viel wichtiger für den Erfolg, seine eigene Ausdrucksweise zu optimieren, als sich durch den anderen von außen ablenken zu lassen? Er möchte doch authentisch bleiben und sich nicht für den anderen verbiegen.

Am angenehmsten wäre es natürlich, wenn wir uns einmalig gewisse Kommunikations- und Gesprächstechniken aneignen würden und diese dann bei jedem Gesprächspartner mit der gleichen Wirkung einsetzen könnten. Leider ist Kommunikation aber etwas komplizierter und es gibt nicht das eine Erfolgsrezept. Kommunikation ist individuell und immer von der jeweiligen Situation abhängig. Um ein gutes Gespräch zu gestalten, müssen zwei Menschen zusammenfinden und sich auf einer Wellenlänge treffen. Wenn Sie nur bei sich bleiben und Ihren Kommunikationsstil ungeachtet des Gegenübers „durchziehen", dann ist die Gefahr groß, dass Sie an dem Anderen vorbei kommunizieren. Insofern gilt es, sich auf das Gegenüber immer individuell einzustellen. Das setzt allerdings voraus, dass Sie Ihren Gesprächspartner erst einmal wahrnehmen.

Wir wissen, dass jeder Mensch anders ist, das heißt, mit einer anderen Persönlichkeitsstruktur „ausgestattet" ist und individuelle Erfahrungen gesammelt hat. So mag es sein, dass der eine Mandant es bevorzugt, klar und deutlich kurze Gespräche zu führen, der andere hingegen das persönliche und längere Gespräch präferiert.

Und auch Sie haben Ihre Persönlichkeitsstruktur, die Sie in das Gespräch mit dem Mandanten einbringen. Das heißt, auch Sie wirken im Gespräch und machen „unbewusst" ein individuelles Kommunikationsangebot. Jede Kommunikations- und Gesprächsstrategie wird also nicht bei jedem wirken und wir müssen zu Beginn eines neuen Kontaktes immer wieder zunächst herausfinden, welche Vorlieben in der Kommunikation der entsprechende Mandant hat. Aber wie können Sie feststellen, wie Ihr Mandant mit Ihnen gerne sprechen möchte?

Um die individuelle Präferenz des Gegenübers im Gespräch festzustellen, sollten Sie gut zuhören, genau beobachten und viele Fragen stellen. Das setzt wie immer voraus, dass Sie sich für den Mandanten interessieren und ihn näher kennenlernen möchten. Folgendes könnten Sie wahrnehmen:

- **Spricht der Mandant schnell oder langsam und wie betont er Wörter?**

- **Präferiert er das laute oder das leise Gespräch?**

- **Führt er Themen weit aus oder kommt er schnell zum Punkt?**

- **Welche Wörter und Begriffe benutzt er? Gibt es bestimmte Schlüsselbegriffe, die ihm gefallen?**

- **Spielt Humor oder Sarkasmus bei ihm eine Rolle?**

- **Setzt er viel Gestik beim Sprechen ein (Raum nehmen über den Einsatz von Armen und Händen)?**

Menschen verstehen sich (meistens) besser, wenn sie ähnlich kommunizieren und sich im Gegenüber wider finden.

Nachdem Sie nun festgestellt haben, in welcher Art und Weise Ihr Mandant kommuniziert und sich ausdrückt, versuchen Sie, in ein ähnliches Kommunikationsmuster zu wechseln. Dieses Prinzip des „Pacens und Leadens" - oder auch Spiegelns des Gegenübers - ist eine bewährte Methode, schnell Vertrauen zum Anderen aufzubauen. Nun mag der ein oder andere unter Ihnen denken, dass dieses Verfahren die eigene Authentizität untergräbt und ein „Nachäffen" des Mandanten darstellt.

Im so genannten „Rapport aufbauen" geht es nicht darum, das Gegenüber komplett zu kopieren, sondern in einer angenehmen Art und Weise eine gemeinsame Basis der Kommunikation zu schaffen, in denen beide Partner sich widerfinden. Das bedeutet auch, dass Sie nur die Elemente in Ihr Kommunikationsverhalten mit dem Mandanten aufnehmen sollten, die Ihnen gefallen und gut tun.

Beispiel:

Möglicherweise beobachten Sie, dass Ihr Mandant sich immer sehr schnell von anderen Menschen im Gespräch angegriffen fühlt und Nachrichten als Appelle und nicht als reine Sachbeschreibungen wahrnimmt.

Dann sollten Sie überprüfen, wie genau Sie Nachrichten aktuell an ihn senden. Ist Ihre Sprache oder auch Ihre Stimme möglicherweise auf einen „Appellmodus"

eingestellt, obwohl Sie dieses gar nicht verletzend mei-
nen, aber klar und deutlich herüber kommen möchten?
Sollte das der Fall sein, dann überlegen Sie, wie Sie Ihre
Kommunikation verändern können, um die Gesprächs-
atmosphäre wieder aufzulockern.

Vielleicht haben Sie auf der anderen Seite auch einen
Gesprächspartner sitzen, der sehr gerne über sich und
seine Ideen erzählt. Und auch Sie neigen dazu, gerne
viel zu erzählen. Sie können sich sicher vorstellen, dass
auch hier kein wirklich gutes Gespräch zustande kommt.
Jeder „fährt" dem Anderen ins Wort und keiner von
ihnen kann entspannt ausreden. In diesem Fall wäre es
sinnvoll, wenn Sie sich etwas zurücknehmen und dem
Anderen „die Bühne" überlassen.

Intuitiv werden Sie sicher schon viele Dinge richtig
machen und sich unbewusst auf das Gegenüber einstellen, denn Sie kommunizieren in Ihrem Leben ja schon
etwas länger. Wenn Sie hier aber noch besser werden
möchten, dann empfehle ich Ihnen, Gesprächsmuster,
Kommunikationsverhalten und Mandanten aktiv mehr
zu beobachten bzw. wahrzunehmen und festzustellen,
wie genau sich jeder ausdrückt und wann er sich im
Gespräch richtig wohl fühlt. In vielen Unternehmen und
auch Kanzleien beschäftigt man sich heute mit dem
Thema „Persönlichkeitstypen", um festzustellen, wie das
Gespräch mit Mandanten optimiert werden kann. Auch
mit diesem Thema werde ich mich in einem nächsten
Buch beschäftigen.

Jeder Kontakt besteht aus der Sach- und Beziehungsebene

Beispiel:

„Gefühle und Emotionen gehören ins Privatleben und nicht in den Job. Menschen, die Gefühle im Job zeigen, machen sich nur angreifbar und sind unprofessionell", so denkt Rechtsanwalt Dr. Brink und bildet seine Associates schon seit Jahren in diese Richtung aus.

In Gesprächen mit Mandanten versucht er immer, den emotionalen Anteil möglichst „klein" zu halten. Seine Zeit kostet dem Mandanten viel Geld und daher möchte er damit nicht verschwenderisch umgehen. Der Austausch über Gefühlslagen bringt weder ihn, noch seinen Mandanten weiter, so denkt er. Das wird der Mandant an ihm auch sicher schätzen.

Hinzu kommt, dass er mit diesen ganzen Begriffen wie „Empathie", „Aufbau einer Beziehungsebene" etc. nur bedingt etwas anfangen kann. Er ist ja nicht im sozialen Bereich unterwegs, da mag es auf diese Fähigkeiten durchaus ankommen. Bislang ist er mit seiner Art und Weise, Dinge schnell auf den Punkt zu bringen, immer gut und erfolgreich gefahren.

Folgen Sie Dr. Brink oder mit welcher Haltung gehen Sie in ein Gespräch? Konzentrieren Sie sich in der Kommunikation eher auf den Inhalt oder auch auf die Art und Weise, wie Sie etwas herüber bringen? Ist es Ihnen wichtig, wie Sie sich und der andere dabei fühlt?

Jeder (Mandanten-)Kontakt besteht aus zwei Ebenen, der Sach- und der Beziehungsebene.

Die Sachebene = Inhalt

Auf der Sacheben werden Informationen ausgetauscht, Daten übermittelt oder auch Zahlen genannt. Die Übermittlung einer Sachlage, eines Zustandes oder einer Vorgehensweise steht hier im Vordergrund.

Ein Gespräch mit einem Mandanten wird natürlich immer auch intensiv auf der Sachebene geführt, da der Mandant bei Ihnen ist, um ein spezielles Sachproblem zu lösen und Ihren Rat benötigt.

Die Beziehungsebene = Gefühl

Auf der Beziehungsebene, oft auch emotionale Ebene genannt, stehen Stimmungen, Emotionen und Gefühle des Gesprächspartners im Mittelpunkt. Hier geht es nicht darum, was wann in welcher Art und Weise getan wird. Vielmehr ist es wichtig, wie sich die Protagonisten dabei fühlen und erleben. Nun könnte man auf die Idee kommen, dass in klassischen Bereichen wie Familien- oder Erbrecht diese Bereich deutlich mehr im Vordergrund steht, als im Handels-, Gesellschafts- oder Steuerrecht. Von außen betrachtet mag das zunächst so wirken. Da aber jede menschliche Interaktion auch mit Gefühlen einhergeht, wird selbst der abgeklärte Vorstand oder Geschäftsführer Emotionen zeigen und entwickeln.

In der Kommunikation geht es also immer darum, was Sie vermitteln möchten und mit welchem Gefühl Sie dieses tun. Der Inhalt muss klar herüberkommen und zur Frage des Mandanten passen UND dieser muss sich dabei gut fühlen.

Während viele Rechtsanwälte Meister darin sind, Inhalte zu „bespielen" und diese professionell vortragen, wird die emotionale Seite einer Botschaft seltener beachtet. Da kaum ein Berater heutzutage inhaltlich bzw. fachlich ein einzigartiges Beratungsprodukt anbietet, die Leistungen daher ein Stück austauschbar sind, ist es besonders wichtig, zu dem Mandanten einen guten Kontakt aufzubauen. Wir arbeiten einfach lieber und auch besser zusammen, wenn es eine gewisse Sympathie untereinander gibt und wir uns vertrauen. Daher ist es sehr wichtig, dass Sie zu Ihrem Mandanten eine gute und tragfähige Beziehung aufbauen.

Aufbau der Beziehungsebene

Eine emotionale Ebene in einem Gespräch aufzubauen bedeutet, sich auch persönlich auf den Kontakt einzulassen. Natürlich möchten Sie Geschäft mit dem Anderen machen. Es braucht aber ein gewisses menschliches und persönliches Interesse am Gegenüber, um sich emotional überhaupt ein wenig näherkommen zu können. Der Mandant spürt ganz genau, ob Sie floskelartige persönliche Fragen stellen, um schnell zum Geschäft kommen zu können oder sich wahrhaftig für ihn als Person in seiner beruflichen Rolle interessieren. Floskeln und auswendig gelernte, stereotype Sätze zum Aufbau des Kontaktes sind daher verboten und schaden Ihnen nur.

Nicht jeder Anwalt - aber auch nicht jeder Mandant - möchte sich in einem beruflichen Gespräch persönlich öffnen. Welche Themen Sie berühren und wie persönlich Sie werden hängt daher immer davon ab, womit Sie sich wohlfühlen und was auch der Mandant als angemessen betrachtet. Alles ist erlaubt, was sich für Sie und Ihren Mandanten gut anfühlt und das Geschäft beflügelt. Es gibt erfolgreiche Geschäftsbeziehungen, die sich seit Jahren immer auf der sehr sachlichen Ebene abspielen und andere, die mittlerweile in Freundschaft übergegangen sind .

Halten wir also fest, dass der Beziehungsebene im Mandantengespräch eine ganz besondere Bedeutung zukommt und ohne ein gutes Gefühl zueinander (meistens) kein Geschäft entstehen wird. Überprüfen Sie doch einmal für sich selbst, mit wem Sie am liebsten Geschäfte machen. Achten Sie auch darauf, dass die „Chemie" zu Ihrem Geschäftspartner passt, wenn Sie etwas zu vergeben haben und einen Dienstleister suchen?

Beispiel:

Rechtsanwältin Möller stellt selbst an sich fest, dass sie in den letzten Jahren deutlich lockerer und offener geworden ist. Die Gespräche mit Mandanten in den ersten Berufsjahren waren häufig ein wenig steif und sehr inhaltslastig. Auf Netzwerktreffen ist es ihr selten gelungen, sich wohl zu fühlen, da sie immer das Gefühl hatte, dort falsch zu sein.

Heute öffnet sie sich in Gesprächen viel mehr. Hin und wieder erzählt sie von einem Urlaub, einer Ausstellung oder einfach Themen, die sie gerade beschäftigen. Sie nimmt nicht mehr alles so ernst und stellt fest, dass genau diese Art bei Mandanten sehr gut ankommt. Weniger Inhalt, mehr Gefühl und etwas Spaß miteinander haben, scheint der Erfolgsweg zu sein.

Kapitel 2

Angenehm wirken
So punkten Sie beim
Gesprächseinstieg

Beispiel:

Dr. Tatze, Partner in einer Düsseldorfer Kanzlei, steht heute mal wieder mächtig unter Strom. Der ganze Tag war besetzt mit unerwarteten Anrufen von Mandanten. Er weiß kaum noch, wo ihm der Kopf steht. Dennoch hat er sich heute entschlossen, das abendliche Netzwerk des Wirtschaftsrats zu besuchen.

Er würde dort gerne den einen oder anderen Kontakt wieder aufleben lassen und schauen, welche weiteren neuen Gesprächspartner sich dort zeigen. Da er sein Handy nicht ausgeschaltet hat, klingelt hin und wieder sein Telefon. Gerade steht er am Tisch mit einem sehr interessanten neuen Kontakt, als sich schon wieder ein Anruf dazwischen drängelt. Er hat gerade zwei Wörter gesprochen, entschuldigt sich kurz beim Gesprächspartner und nimmt dann den Anruf entgegen. Nach drei Minuten ist der Anruf beendet und er möchte gerne das Gespräch fortsetzen.

*Zu seiner Überraschung stellt er fest, dass sein Gegen-
über sich an einen anderen Tisch gestellt hat. Er versucht
später noch einmal, den Kontakt zu aktivieren, stößt
aber auf Abwehr.*

*Was hat er falsch gemacht? Ein Telefonat kann doch wohl
nicht der Grund dafür sein, das sein Gesprächspartner
beleidigt ist.*

Welche Gesprächsabschnitte werden bei Ihrem Mandanten am stärksten Wirkung entfalten? In welchen
Situationen sollten Sie besonders klar und professionell
herüberkommen? Natürlich am besten während des
ganzen Gesprächs, aber auf jeden Fall am Anfang und
am Ende. Denn - es bleibt immer der erste (und auch
der letzte) Eindruck, wie uns ein Sprichwort verrät:

**„Es gibt keine zweite Chance für einen
ersten guten Eindruck".**

Daher ist die Frage vieler meiner Kunden berechtigt,
wie genau Sie den ersten Kontakt herstellen sollten. Der
Gesprächseinstieg ist quasi Ihre „Visitenkarte", die Sie
vorzeigen. Hier entscheidet sich, ob ein Mandant Sie
grundsätzlich sympathisch findet und weiter mit Ihnen
zusammenarbeiten möchte. Und da Sie in Ihrem Leben
unendlich viele Gespräche führen werden, wird der
Gesprächseinstieg für Sie immer wieder ein Thema sein.

Es gibt Erstgespräche mit Mandanten und solche, in
denen Sie den Mandanten bereits kennen und an etwas
Gemeinsames anknüpfen können. Letztere sind sicher
deutlich einfacher zu führen, da „das Eis" bereits gebro-

chen ist, der Mandant Sie kennt und schon einen ersten Eindruck von Ihnen gewonnen hat. Außerdem gibt es eine gemeinsame Historie, an die Sie anknüpfen können. Wesentlich schwerer ist es dagegen, einen neuen Kontakt zu knüpfen, zum Beispiel im Rahmen eines Netzwerk-treffens.

Merkmale eines guten ersten Eindrucks

Die folgenden Punkte machen einen ersten starken und professionellen Eindruck aus:

- **Ein klarer und fester Händedruck (Bitte drücken Sie aber nicht so fest zu, so dass Ihr Gegenüber Schmerzen verspürt)**

- **Ein klarer und offener Blick**

- **Ein leichtes Lächeln (das von innen kommt)**

- **Ein angemessener Abstand zum Anderen (ca. zwei Armlängen)**

- **Die Bereitschaft, zuzuhören und auf den Anderen einzugehen**

- **Die innere Haltung, Lust auf eine neue Begegnung zu haben und gespannt zu sein, mehr vom Gegenüber zu erfahren**

- **Den Gesprächspartner als Kooperationspartner auf Augenhöhe wahrzunehmen**

Wann steigen Sie in ein Gespräch ein? Den richtigen Zeitpunkt finden

Beispiel:

Rechtsanwältin Follek besucht gerne abendliche Netzwerktreffen. Sie findet es spannend, immer wieder neue Menschen kennenzulernen. Generell hat Sie auch keine Scheu, fremde Gesprächspartner anzusprechen. Denn genau darum geht es ja. Sein Netzwerk um neue, interessante Menschen zu erweitern.

Die Erstansprache gelingt ihr mal mehr, mal weniger gut. Heute abend war es weniger erfolgreich. Sie stand in der Nähe eines Tisches, an dem sich ein für sie sehr interessanter neuer Kontakt aufhielt und sich mit einem anderen Mann intensiv zu unterhalten schien. Sie versuchte durch Blickkontakt festzustellen, ob sie an dem Tisch willkommen ist. Nachdem er ihr nicht gelang, den Blick einzufangen, da beide intensiv sich ihrem Gespräch zuwendeten, ging sie einfach zu dem Tisch und stellte sich vor. Es war mittlerweile schon fast 22.00 und sie hatte die Befürchtung, dass beide sich möglicherweise auf den Heimweg machen, ohne das sie die Chance hatte, mit ihnen zu sprechen.

Nach ihrer Begrüßung, die sehr freundlich war, stockte das Gespräch und es entstand eine sehr unangenehme

Atmosphäre. Frau Follek versuchte über Small Talk und Humor die Situation zu retten, aber dieses gelang ihr nicht.

Die beiden Gesprächspartner schienen nicht bereit zu sein, sich weiter mit ihr auszutauschen. Was hat sie nur falsch gemacht? Muss sie nicht jede Gelegenheit nutzen, ins Gespräch zu kommen, wenn sie die Chance hat? Wie hätte sie die beiden ermuntern können, sich weiter zu unterhalten?

Wann ist der richtige Zeitpunkt, einen neuen interessanten Mandanten anzusprechen? Gibt es dafür bestimmte Regeln? Und gibt es Situationen, in denen Sie auf gar keinen Fall den ersten Kontakt suchen sollten?

Grundsätzlich gilt: Einen interessanten Menschen können Sie jederzeit ansprechen, wenn Sie das Gefühl haben, dass dieser gerade offen ist für eine neue Begegnung. Um herauszufinden, ob es eine Öffnung des Anderen gibt, ist es wichtig, dass Sie genau beobachten, wie dieser sich auf einem Netzwerktreffen verhält. Die folgenden Signale können darauf hindeuten, dass er gerade nicht für ein neues Gespräch offen ist:

- **Er steht abseits im Raum mit anderen Gesprächspartnern**

- **Er ist in einem Gespräch vertieft und nimmt keinen Blickkontakt zur Gruppe auf**

- **Er spricht intensivierend und leise mit seinem Tischnachbarn**

- **Er ist auf dem Sprung, guckt oft auf die Uhr und macht Anstalten, gleich zu gehen**

Natürlich sind das nur erste Anhaltspunkte, die darauf deuten können, aber nicht müssen. Oftmals wird Ihr Bauchgefühl Ihnen schon ein gutes Signal geben, ob es eine gute Idee ist, auf den Andreren zuzugehen. Das gleiche gilt am Telefon. Wenn Sie einen Kontakt telefonisch aktivieren möchten, dann ist es wichtig, dass Ihr Gesprächspartner gerade Muße und Zeit hat, sich mit Ihnen zu unterhalten. Um dieses festzustellen, können Sie ihm die direkte Frage stellen, ob er gerade ein wenig Zeit für Sie hat.

Fahrige, nervöse und verkürzte Antworten oder das Gefühl am Telefon, der Andere arbeitet weiter, während Sie mit ihm telefonieren können widerum Signale sein, dass er gerade nicht gerne gestört wird.

Trotz Ihres guten Vorsatzes, einen Mandanten in einer gewissen Situation anzusprechen, um den Kontakt zu intensivieren kann es also möglich sein, dass dieser gerade nicht offen für ein Gespräch ist. In diesem Fall sollten Sie es ein nächstes Mal versuchen. Ein aufgedrängtes erstes Gespräch ist unangenehm und wird sicher nicht die positive Stimmung aufbauen, die Sie sich wünschen, um einen Mandanten von sich zu überzeugen. Haben Sie nun aber lange auf den Augenblick gewartet, eine bestimmte Person kennenzulernen und Sie nehmen wahr, dass diese an diesem Abend nicht offen ist für ein Gespräch, dann muss Sie das nicht daran hindern, zumindest „einen kurzen Vorstoß" zu tätigen. Vielleicht in der folgende Form:

„Frau/Herr Y, guten Abend, meine Name ist… Ich habe mich so gefreut, sie heute abend hier kennenlernen zu dürfen und nehme wahr, dass sie gerade schon im Aufbruch sind.

Darf ich Ihnen dennoch kurz meine Karte überreichen und sie vielleicht zu einem anderen Zeitpunkt noch einmal kontaktieren?"

Wenn Sie diese bestimmte Person auch zukünftig nur selten treffen werden, dann lohnt es sich, hier einen Vorstoß zu wagen. Ob dieses als angenehme Erfahrung oder als zu aufdringlich gewertet wird, bewertet am Ende des Tages Ihr Gesprächspartner. Da Sie aber zunächst nichts zu verlieren haben, spricht nichts dagegen, seine Visitenkarte dem Anderen mit auf den Weg zu geben.

Mit Empathie punkten - Wo steht der Andere?

Über Empathie wird viel geschrieben und gesprochen. Und das zu Recht, denn es ist wahrscheinlich DER Schlüssel zum Erfolg in einem guten Mandantengespräch. Viele Gespräche laufen aneinander vorbei. Jeder sendet seine Informationen in den Raum und ist überrascht, wenn diese beim Gegenüber nicht ankommen.

Wirklich empathisch im Kontakt mit dem Anderen zu sein ist durchaus anstrengender, als einfach zu erzählen, was einem gerade einfällt. Denn dann müssen Sie sich auch auf den Anderen einstellen und ihn wahrnehmen. Es gibt aber keine Alternative zur Empathie, wenn Sie wirklich an einem nachhaltigen Kontakt mit dem Mandanten interessiert sind.

Ein Gefühl zu sich selbst aufbauen

Beispiel:

Rechtsanwältin Fuchs hat im Laufe der Jahre immer mehr den Kontakt zu sich selbst verloren. Sie fühlt sich fremdgesteuert. Die Ansprüche der Mandanten, der ständige Druck und das Führen von Mitarbeitern läßt ihr keine Zeit mehr, einmal tief durchzuatmen. Früher hatte Sie Muße, anderen Menschen zuzuhören, dass ist heute leider nicht mehr der Fall. Sie versteht, dass es wichtig ist, empathisch in Mandantengespräche zu gehen - wie soll sie das aber tun, wenn sie sich gar nicht selber fühlt? Mit anderen mitfühlen setzt doch voraus, sich selbst erst einmal zu spüren, oder?

Beispiel:

Rechtsanwalt Zott kann sich sehr gut an diese Zeit erinnern, die Frau Fuchs gerade beschreibt. Bis vor kurzem ging es ihm genauso. Ein fremd bestimmtes Leben, gesteuert durch den Mandanten und die Erwartungen von außen. Eine Zeitlang war das für ihn in Ordnung, aber zu wenig auf Dauer für ein gutes Leben.

Um sich selbst wieder zu spüren, wendet er regelmäßig Entspannungstechniken an, die er sehr gut in seinen Alltag integrieren kann. Er kann seine Gefühle wieder wahrnehmen und beschreiben und ist daher auch wieder offener für die von Anderen. Das wirkt sich in Mandantengesprächen für ihn sehr positiv aus.

Was ist Empathie eigentlich? Ist man damit geboren oder kann das jeder trainieren und sich aneignen? Und wenn ja, wie macht man das?

Empathie oder Einfühlungsvermögen ist die Fähigkeit, sich in einen anderen Menschen hineinzufühlen und seine Gefühle zu verstehen, zu erleben und mit ihm zu fühlen bzw. leiden. Die kognitive Empathie lässt uns erkennen, wie jemand Anderes fühlt. Die emotionale Empathie lässt uns fühlen, wie jemand Anderes fühlt. Empathie ist erlernbar unter folgenden Voraussetzungen:

- **Sie haben ein ehrliches Interesse am Gegenüber**

- **Sie akzeptieren auch andere Meinungen und möchten nicht immer Recht haben**

- **Sie sind neugierig und haben Interesse, sich weiterzuentwickeln**

- **Sie bringen Zeit mit und lassen ein Gespräch sich entwickeln**

Empathie ist nicht ausschließlich angeboren. Sie können sich darin trainieren, indem Sie:

- **Zuhören und verstehen, was der Andere gerade genau meint**

- **Die Welt des Gegenübers über Fragen erkunden und offen zuhören**

- **Sich gefühlsmäßig in die Situation des Gegenübers versetzen**

- **Feedback vom Anderen einholen, ob Sie mit Ihrer Wahrnehmung richtig liegen**

Empathie für Andere und die jeweilige Situation zu entwickeln setzt voraus, dass Sie zunächst in Kontakt mit sich selbst sind.

Das ist sicher gerade in sehr stressigen Arbeitszeiten für Anwälte äußerst schwierig. Ich erlebe viele Anwälte, die in diesen Zeiten einfach erst einmal nur funktionieren, um überhaupt die anfallenden Aufgaben bewältigen zu können. Dass Sie in solchen Situationen wenig Gefühl zu sich selbst haben und ungeduldig mit anderen Gesprächspartnern sind, oder aber diese Ihnen einfach zu langsam sind, ist verständlich, führt aber für die Anbahnung eines neuen Kontaktes meistens nicht zum Erfolg. Daher sollten Sie sich immer gut überlegen, ob der Zeitpunkt für neue Gespräche optimal gewählt ist.

Wenn Sie sich konkret in einem Gespräch mit einem Mandanten befinden, dann stellen Sie sich selbst doch zwischendurch immer mal wieder die Frage, wie gut Sie gerade im Kontakt mit ihm sind. Geben Sie ihm genug Raum, sich zu äußern und darzulegen, wo er gerade steht und was er braucht? Haben Sie genau erfasst, was seine Herausforderung ist und können Sie diese selbst fühlen?

Empathie aufzubauen bedeutet auch, die Gefühle auszuhalten, die im Raum entstehen, wenn der Mandant erzählt. Vielleicht ist er gerade in einer brenzligen Situation, muss viel Druck im Unternehmen aushalten, hat große Ängste. Wenn Sie gut in Kontakt sind, dann werden Sie diese Gefühle auch selbst wahrnehmen. Das bedeutet keinesfalls, dass Sie sich diese Gefühle zu eigen machen müssen. Ganz im Gegenteil, das hätte fatale Folgen. Sie sollten sich immer abgrenzen und „bei sich selbst" bleiben. Es ist möglich, die Gefühle des Anderen wahrzunehmen, „mitzuschwingen" und trotzdem bei sich zu bleiben.

Wenn Sie sich zu sehr, in die Gedanken- und Gefühlswelten Ihrer Mandanten und Kollegen einlassen und verstricken, dann können Sie durch einen objektiven Außenblick oftmals keinen Mehrwert erbringen. Der Berater zeichnet sich aber gerade dadurch aus. Er sollte so viel Kontakt zum Mandanten aufbauen, wie es nötig ist, um ein angenehmes Arbeitsklima und Miteinander zu kreiieren. Er darf aber nie vergessen, dass er nicht nur seine fachlichen Expertise, sondern auch seinen objektiven Außenblick in die Beratung einbringt.

Small Talk - Lockere Themen zum Anwärmen

Nun ist es mit der Empathie aber alleine nicht gemacht. Natürlich möchten Sie sich auch unterhalten und austauschen, denn Ihr Ziel ist es auszuloten, ob Sie dem Mandanten in einem Projekt unterstützen dürfen.

Üblicherweise stellen Sie sich am Anfang des Gespräches immer mit Ihrem Namen unter Nennung Ihrer Kanzlei vor. Achten Sie darauf, dass Sie deutlich und gut hörbar sprechen, so dass der Andere Ihren Namen gut wahrnehmen kann. Anspruchsvolle Namen, die vielen Mandanten vielleicht nicht gleich eingängig sind, können Sie mit entsprechenden „Eselsbrücken" darstellen. Inwieweit Sie das ernsthaft oder mit Humor machen, hängt von Ihrer Persönlichkeit ab.

Machen Sie es so, wie Sie sich damit wohl fühlen und vermeiden Sie auswendig gelernte Floskeln, die Sie unauthentisch wirken lassen. Streichen Sie in der ersten Vorstellung langatmige Ausführungen zu Ihrer Person oder der Kanzlei. Zu diesem Zeitpunkt interessiert das keinen, es sei denn, der Gesprächspartner fragt nach. In diesem Fall ist es erlaubt, schon jetzt inhaltlich in die Tiefe zu gehen.

Negatives Beispiel:

Mein Name ist Rechtsanwalt Glatt. Ich arbeite seit zwei

Jahren in den Bereichen Handels- und Gesellschaftsrecht. Hier beschäftige ich mich insbesondere mit den Themen xyz. Einer meiner weitere Schwerpunkte ist... Aber ich bin auch gerne für andere Themen offen. Unsere Kanzlei...existiert seit 15 Jahren. Wir haben eine spannende Historie. Es fing damit an, dass...

Positives Beispiel:

Mein Name ist Rechtsanwältin Zeppelin von der Kanzlei.... Ich bin Expertin im Bereich Immobilienrecht mit dem Schwerpunkt...

Überreichen Sie während der Vorstellung kurz Ihre Visitenkarte. Wenn Sie gerade keine dabei haben, dann stellen Sie sicher, dass Sie am Ende des Gespräches in irgendeiner Art und Weise die Namen austauschen. Visitenkarten können aber natürlich auch am Ende einer Unterhaltung überreicht werden.

Nachdem Sie sich mit Name und eventuell Kanzlei kurz vorgestellt haben stellt sich die Frage, wie geht es nun weiter? Nun kommen wir zum wichtigen - wenn auch nicht besonders beliebten Thema unter Rechtsanwälten - dem Small Talk.

Beiläufige Konversation ohne Tiefgang

Smalltalk ist eine beiläufige Konversation ohne Tiefgang. Daran geht kein Weg vorbei. Und genau diese scheinbare Oberflächlichkeit des Gesprächs bereitet vielen Rechtsanwälten Schwierigkeiten, die es gewohnt sind, sich den ganzen Tag mit tiefgehenden und anspruchsvollen Themen auseinander zusetzen. Insofern ist Small Talk für viele Anwälte ein großer Schritt aus der eigenen Komfortzone. Um sich dennoch zu überwinden, diesen Small Talk zu betreiben kann es sinnvoll sein, sich das Ziel vor Augen zu halten. In dieser beiläufigen Konversation geht es ausdrücklich nicht um das Thema. Dieses ist absolut austauschbar und belanglos. Wenngleich es trotzdem Spaß machen kann, ein wenig zu plaudern und nicht jedes Wort zählt.

Im Vordergrund des Small Talk steht, schnell zu anderen Menschen eine persönliche Beziehung aufzubauen und das „Eis zu brechen". Dies ist nicht nur im Mandantengespräch wichtig, sondern auch beim Kennenlernen von neuen Kollegen oder Mitarbeitern. Kurze Gespräche in Kaffeeecken in einer Kanzlei gelten sogar als „in hohem Maße kulturstiftend". Small Talk vermeidet peinliches Schweigen, dient der Auflockerung der Atmosphäre und ist der Einstieg des gegenseitigen Kennenlernens, beispielsweise von Geschäftspartnern. Die Themen unter Fremden sind meist sehr allgemein gehalten. Schon beinahe sprichwörtlich ist das „übers Wetter reden". Dieses Thema hat den Vorteil, dass jeder eine Meinung dazu haben kann und dass Meinungsverschiedenheiten akzeptabel sind. Außerdem kann das Wetter Einfluss auf die Aktivitäten eines Menschen haben und damit zu weiteren, persönlicheren Themen hin leiten.

Ziel der nächsten Minuten ist es also, erst einmal locker ins Gespräch zu kommen, um zu überprüfen, ob es eine Grundsympathie füreinander gibt und man sich gerne weiter miteinander beschäftigen möchte. Schwere Fachthemen sind hier meistens fehl am Platz, daher gibt es

Small Talk. Die Themen sind zugegebenermaßen nicht weltbewegend. Und genau das bereitet vielen Anwälten Probleme. Sie fühlen sich mit den Themen nicht wohl und erleben diese als zu banal und belanglos. Letztlich entscheiden Sie selbst, mit welchen Themen Sie in das Gespräch einsteigen möchten. Vielleicht spricht Sie der Mandant auch direkt auf ein Thema an, dann steigen Sie einfach ein. Oder Sie stellen einigen offene Fragen wie zum Beispiel „Was führt Sie heute hierher?", „Was hat Ihnen an dem Vortrag gefallen?".

Klassische Small Talk Themen

Kassische Small Talk Themen sind unter anderem die Folgenden:

- **An- und Abreise: Berichten Sie über Ihre Reise oder fragen Sie den Anderen, wie genau er zu der Veranstaltung gekommen ist**

- **Wetter: Tauschen Sie sich über die Vorzüge oder auch Anstrengung der sommerlichen Temperatur oder eines weißen Winters aus**

- **Kultur: Gibt es in der Stadt gerade besonders interessante Ausstellungen, Theater, Oper oder Musikveranstaltungen?**

- **Gebäude: Was fällt Ihnen an dem Gebäude und den Räumlichkeiten auf? Mögen Sie Architektur? In welcher Art Gebäude und Büro arbeiten Sie selbst?**

- **Catering: Kennen Sie den Caterer? Schmeckt**

Ihnen das Essen? Ist daran etwas besonders, was Sie erwähnen mögen?

• **Sportereignisse: Fußball, Europa- oder Weltmeisterschaften**

• **Das Anknüpfen an das gerade stattfindende gemeinsame Ereignis. Gefällt Ihnen der Abend? Was nehmen Sie für sich mit? Was denken Sie über den Referenten?**

Diese Themen sollten Sie meiden

Sie lesen überall, dass Sie die Themen Religion, Politik, Krankheit, Tod und Geld nicht ansprechen sollten. Die Idee dahinter ist, dass einige Menschen sich in diesen Themen stark emotionalisieren können und dann das lockere Gespräch schon in eine falsche Richtung laufen könnte.

Auf der anderen Seite sollten Sie bedenken, dass Sie ein gestandener Berater sind oder zumindest so wirken möchten. Dazu gehört es meines Erachtens auch, zu einzelnen, auch kritischen Themen, Stellung zu beziehen. Insofern sollten Sie diese Themen vielleicht nicht direkt ansprechen, durchaus aber Ihre Meinung äußern, wenn Sie danach gefragt werden.

Konkrete Gesprächsbausteine für den Small Talk

Beginnen Sie das Gespräch zum Beispiel mit folgenden

Fragen, um den ersten Kontakt herzustellen:

- **Waren sie schon öfter hier?**

- **Wie fanden sie den Vortrag?**

- **Woher kommen sie heute angereist?**

- **Müssen sie heute abend schon wieder zurück fahren?**

- **Sind sie gut angekommen?**

- **Für welches Verkehrsmittel haben sie sich entschieden?**

- **Machen ihnen die Temperaturen auch gerade zu schaffen?**

- **Kennen sie die Stadt und waren sie bereits in...?**

- **Gefällt ihnen das Catering?**

- **Für welches Hotel haben sie sich entschieden?**

Wenn Sie sich bereits kennen, eignet sich auch als Einstieg:

- **Wie geht es ihnen?**

- **Wie geht es ihrer Familie?**

- **Was machen sie heute noch?**

- **Wie ist Projekt z gelaufen, über das wir uns das letzte Mal unterhalten hatten?**

Entscheidend für einen ersten guten Gesprächs Abschnitt ist es immer, etwas Gemeinsames zu finden, das Sie beide beschäftigt oder sogar begeistert. Denn: „Gleich und gleich gesellt sich gerne". Haben Sie also ein Thema gefunden, dass Sie mit dem Mandanten teilen, dann verharren Sie dort und „machen das Thema groß". Stellen Sie weitere vertiefte Fragen, auf die der Mandant antworten kann oder berichten Sie über eigene Erfahrungen.

Beispiel:

Rechtsanwältin Luv ist keine große Small Talkerin. Sie tut sich schwer damit, über Themen zu sprechen, die nicht wirklich relevant sind. Sie kommt sich regelmäßig sehr lächerlich vor, wenn Sie Mandanten auf Veranstaltungen nach Anreise, Hotel oder Urlaub befragt. Aber wie sonst soll sie den Kontakt herstellen? Alle scheinen sich darauf geeinigt zu haben, dass Small Talk der Gesprächseinstieg sein muss.

Mittlerweile hat sie für sich gelernt, Themen im Small Talk nicht nur abzuhaken, sondern dort zu verweilen, wo sie mit dem Mandanten eine Übereinstimmung findet. Frau Luv treibt in ihrer kostbaren Zeit sehr gerne Sport und schätzt die Oper. Im Gespräch mit potentiellen Mandanten sind diese beiden Themenbereiche oft er-

folgreich. Fast jeder Mandant treibt auch Sport oder geht hin und wieder in die Oper. Wenn Sie die Möglichkeit hat, sich hierüber mit dem Mandanten auszutauschen, dann macht ihr der Netzwerkabend und der Small Talk sogar richtig Freude.

Überprüfen Sie doch einmal, welche SmallTalk Themen für Sie interessant sein könnten. Vielleicht gibt es Interessen oder Hobbies, die Sie in Netzwerkgespräche einflechten können um zu schauen, ob auch unter den Mandanten sich einige dafür begeistern.

Die eigene Haltung überprüfen

Sie haben nur eine Chance, das erste Mal zu wirken, daher sollten Sie sich vorher in eine gute und positive Stimmung bringen. Menschen bevorzugen Kontakt mit Anderen, die ausgeglichen, interessiert, offen, empathisch und positiv wirken.

Viele Anwälte gehen auf Veranstaltungen und sind „mit dem Kopf" noch tief in Ihre Mandate verstrickt oder fühlen innerlich einen enormen Zeitdruck, da viele Aufgaben im Büro noch auf Sie warten. Daher ist es sehr wichtig, dass Sie sich vor einer Begegnung mit einem potentiellen neuen Mandanten erst einmal davon „befreien". Zumindest für die nächsten ein bis zwei Stunden. Vielleicht müssen Sie dafür zwischen Büro und Veranstaltung noch eine kleine Pause einlegen, einen Espresso trinken, ein paar Schritte an der frischen Luft gehen. Was auch immer Ihnen hilft, sich in eine gute und vor allem offene

Haltung und Stimmung zu bringen, ist erlaubt.

Beispiel:

Rechtsanwältin Dicke übt sich in einem neues Ritual. Bevor Sie abends auf eine Netzwerkveranstaltung geht, macht Sie ganz bewusst nach der Mandatsarbeit eine Pause. Viel Zeit bleibt ihr dafür nicht, aber das ist auch nicht wichtig.

Um die Ecke der Kanzlei gibt es einen Italiener mit einer Baristabar. Da Sie Kaffefan ist, gönnt Sie sich vor jedem externen Netzwerk 20-30 Minuten Kaffeepause - egal zu welcher Tageszeit. Das hilft ihr sehr, ihren Blick zu weiten, kurz einmal durchzuatmen und sich für andere Menschen zu öffnen. Seitdem sie dieses Ritual verfolgt, geht sie viel befreiter in die Netzwerkgespräche und hat auch Platz, andere Menschen wahrzunehmen.

Kapitel 3

Wo drückt der „Schuh"? So erkunden Sie den Bedarf des Mandanten

„Wir haben zwei Ohren und einen Mund, um doppelt so viel zu hören, wie wir sprechen" (Epitheton).

Ziel und Mittelpunkt des Mandantengespräches ist es, den Bedarf zu erfassen, um als Rechtsanwalt seine Dienstleistung anbieten zu dürfen. Denn der Mandant wird nur dann mit Ihnen zusammenarbeiten, wenn Sie ihm einen Mehrwert erbringen.

Da der Mandant Ihnen nur selten seinen Bedarf „auf dem Silberteller" präsentieren wird, ist es Ihre Aufgabe, sich dieses zu erarbeiten. Und zwar durch eine professionelle und geschickte Kommunikation.

Die Bedarfsermittlung kommt bei vielen Rechtsanwälten einfach zu kurz, da der Fokus mehr auf dem Erzählen, und weniger auf dem Zuhören liegt. Das aktive Zuhören zu trainieren, ist sicher eines der größten Herausforderung für Anwälte. Berater sind es gewohnt, viel über sich, ihre Leistungen und Erfolge zu sprechen, um den potentiellen Mandanten auf sich aufmerksam zu machen. Grundsätzlich ist das auch nicht falsch, jedoch sollte es an der richtigen Stelle und in der richtigen Gewichtung im Gespräch erfolgen. Und so verlieren viele Anwälte den Zugang zu neuen Mandanten nach einem guten Gesprächseinstieg, indem sie nur über sich erzählen. Der Mandant hört zunächst vielleicht noch interessiert zu, verliert aber irgendwann das Interesse, wenn er in das Gespräch, das von einem Dialog in einen Monolog mündet, gar nicht mit einbezogen wird. Der Anwalt ist im Redefluss und berichtet über Themen, die durchaus interessant sind, für den Mandanten aber aktuell keine Relevanz besitzen.

Beispiel:

Rechtsanwalt Heinrich hat sich in einem letzten Video-training in einem gestellten Mandantengespräch einmal aufzeichnen lassen. Ziel des Gesprächs war es, mehr über den Anderen zu erfahren und den Mandanten sprechen zu lassen.

Alles richtig gemacht, dachte er nach dem Rollenspiel. Die Analyse des Videos zeigte ihm dann aber, dass er in dem insgesamt 10minütigen Gespräch neun Minuten selbst gesprochen hat. Der Mandant musste dagegen seinen Gesprächsanteil auf eine Minute reduzieren. Erstaunlich, so denkt Rechtsanwalt Heinrich, dass man sich selbst so täuschen kann. Er hätte schwören können, dass das Gespräch absolut ausgeglichen war. Auf die Frage des Trainers, welche neuen Informationen des Mandanten er denn aus dem Gespräch mitnimmt, muss er ein wenig schmunzeln. Eigentlich hat er nichts erfahren. Er hat aber in den meisten Mandaten einfach das Gefühl, er weiß schon alles. Er muss nur einen Mandanten sehen und kann sofort einschätzen, was er braucht. Möglicherweise ist das aber ein Fehler und er ist mit seiner Analyse ein wenig zu schnell.

Wer nicht fragt, bleibt dumm

Wer fragt, der führt das Gespräch und lenkt es in die Richtung, die spannend und interessant ist. Wer fragt, bringt den Anderen dazu, seine Gedanken zu sortieren und mitzuteilen. Und wer fragt, erhält viele wertvolle Informationen vom Gegenüber und kann mit diesen Erkenntnissen weiterarbeiten.

Um es noch einmal zu betonen, Fragen zu stellen, ist keine manipulative Handlung. Natürlich kann Sprache und Gesprächstechnik immer auch eingesetzt werden, um den anderen Gesprächspartner zu beeinflussen. Entscheidend ist dabei Ihre Haltung. Sie wollen sich in der Frage- und Gesprächstechnik professionalisieren, um bessere Gespräche mit dem Mandanten zu führen. Mit dem Ziel, dass sie beide partnerschaftlich ein besseres Verständnis von anstehenden Aufgaben erhalten und sich entscheiden können, ob sie zusammen arbeiten möchten. Es geht keinesfalls darum, den Anderen „über den Tisch zu ziehen" oder etwas aufzudrängen, was er nicht möchte.

Sicher wäre das kurzfristig auch möglich, das ist aber weder mein Ansatz in diesem Buch, noch glaube ich daran, dass sich dadurch nachhaltiges Geschäft aufbauen lässt. Und ich bin sicher, dass Sie nicht auf das einmalige Geschäft mit dem Mandanten abzielen.

Wollen Sie das wirklich?

Wie gelingt es Ihnen nun aber, in Mandantengesprächen zukünftig mehr zu fragen und weniger zu erzählen? Zunächst ist es wichtig, dass Sie es sinnvoll finden und sich bewusst dafür entscheiden, etwas zu ändern und daran zu arbeiten.

Wenn Sie der Meinung sind, dass Sie bereits alle Ihre Mandanten und deren Bedarf kennen und keine weiteren Informationen von ihnen benötigen, dann werden Sie auch weiterhin in Gesprächen mehr senden, als empfangen.

Wie kontrolliere ich meinen Gesprächsanteil?

Wenn Sie aber ein inneres „Ja, ich möchte das ändern und finde es sinnvoll" für sich selbst formuliert haben, dann geht es darum, dieses neue Verhalten zu trainieren und in den Alltag zu integrieren.

Auf welcher Ebene wünschen Sie sich Unterstützung? Was brauchen Sie, um zukünftig mehr zu fragen? Fehlt Ihnen aktuell noch die Idee, welche Fragen Sie genau stellen könnten? Dann ist die Veränderung schnell umzusetzen, denn dazu werden wir gleich kommen. Oder gelingt es Ihnen zurzeit noch nicht auszuhalten, einfach erst einmal nur zuzuhören, da Sie einen inneren Druck verspüren, Ihre Gedanken äußern zu müssen?

In diesem Fall ist die Verhaltensänderung möglicherweise etwas anspruchsvoller. Denn dieser innere Druck, etwas senden zu müssen, ist ja nicht einfach wegzudrücken. Es ist etwas in Ihnen (Gedanken, Ideen Fragen), die heraus müssen. Vielleicht gelingt es Ihnen, andere Plattformen zu finden, wo Sie Ihre Nachrichten platzieren können, also außerhalb des Mandanten Gesprächs? Welche könnten das sein? Vielleicht reden Sie aber auch sehr viel, um das Gespräch unter Kontrolle zu halten und, gerade als junger Anwalt, mögliche heikle Fragen nach Fachkennt-nissen erst gar nicht aufkommen zu lassen. Wenn Sie sich in einer dieser Beschreibungen wider finden, dann machen Sie sich doch bitte einmal Gedanken darüber, wie genau Sie Ihr Bedürfnis auf eine andere Art und Weise zufriedenstellen können, ohne den Mandanten mit einem „Redeschwall" zu überhäufen.

Wenn Sie das Gefühl haben, dass Sie Ihren Gesprächs-anteil in einer Unterhaltung selbst kontrollieren können oder mit Hilfe einer Stoppuhr etc. tracken, dann sollten Sie das ohne fremde Unterstützung umsetzen können. Wenn Ihr Selbstbild aber immer wieder massiv vom Fremdbild abweicht und Sie nach jedem Gespräch das Gefühl haben, der Mandant konnte viel erzählen, dieses aber nicht der Realität entspricht, dann sollten Sie sich Feedback einholen. Bitten Sie einen Kollegen in einem nächsten Gespräch einfach darauf zu achten, wie gut Sie dem Mandanten zuhören und wieviel Gesprächsanteil Sie ihm überlassen haben. Eine andere Möglichkeit besteht darin, sich immer wieder anhand einer Videoaufzeichnung anzuschauen, wie Sie Gespräche aufbauen und gestalten.

Grundsätzlich kann man sagen, dass Ihr Gesprächsanteil in der Bedarfsermittlung mit dem Mandanten ca. 10-20% der Zeit füllen sollte. Ansonsten sollte Ihr Mandant sprechen. Ihre mögliche Befürchtung, dass der Mandant nun das Gefühl haben könnte, dass Sie nur Fragen stellen, weil Sie fachlich keine Antworten geben können, wird ganz sicher nicht eintreten. Die meisten Menschen erzählen sehr gerne über das, was Sie beschäftigt und haben danach das Gefühl, dass es ein sehr gutes Gespräch war. Das wird sicher auch Ihrem Mandanten so gehen.

Über die verschiedenen Fragetechniken

Kommen wir nun zum Handwerkszeug, der Fragetechniken. Es gibt sehr viele unterschiedliche Fragearten, die jeweils andere Ziele verfolgen. Damit Sie sich entscheiden können, welche Sie im Mandantengespräch bzw. der Bedarfsermittlung anwenden möchten, stelle ich Ihnen diese kurz einmal vor:

Die geschlossenen Fragen

Bei den so genannten geschlossenen Fragen handelt es sich um klassische Ja-oder-Nein Fragen. Dem Mandanten wird durch die Formulierung der Frage gar keine andere Wahl gelassen, als kurz und knapp zu antworten. Seine Antwort lautet in diesem Fall also „Ja" oder „Nein".

Folgende Beispiele:

- **Sind sie gut angekommen? Ja**

- **Haben sie den Weg gut gefunden? Ja**

- **Gefällt ihnen die Veranstaltung? Ja**

- **Waren sie bereits einmal hier? Nein**

- **Kennen sie unsere Kanzlei? Nein**

Durch geschlossene Fragen können schnell und in rascher Abfolge Informationen abgefragt werden. Sie sind auch zur Lenkung eines Gesprächs sehr geeignet. Wenn Sie sich aus einem Kontakt verabschieden wollen, dann eignen sich nur noch geschlossene Fragen, um den Anderen nicht mehr „ins Reden" zu bringen.

Mandanten, die dazu neigen, sehr viel und ausführlich zu sprechen, sollten mit geschlossenen Fragen „gesteuert" werden.

Beispiel:

Rechtsanwalt Ude ärgert sich. Schon seit einer halben Stunde steht er am „falschen" Netzwerktisch und kommt einfach nicht weg. Sein Gesprächspartner, ein durchaus netter, aber auch kommunikationsfreudiger Mensch, läßt ihn einfach nicht gehen. Vielleicht hat er selbst auch einen Fehler gemacht. Wenn Gesprächspausen entstehen neigt Herr Ude dazu, dem Anderen Fragen zu stellen. Schweigen ist ihm einfach sehr unangenehm und für ihn kaum auszuhalten.

Wahrscheinlich hätte er das nicht tun dürfen. Denn sein Gegenüber nimmt jede Frage dankend auf und macht lange Ausführungen. Selbst auf geschlossene Fragen antwortet er nicht nur mit einem „Ja" oder „Nein".

In der Bedarfsermittlung beim Mandanten reichen die so genannten geschlossenen Fragen nur dann aus, wenn der Andere erzählfreudig ist. Stockt das Gespräch aber immer wieder, obwohl Sie Fragen gestellt haben, dann mag es daran liegen, dass Sie „Geschlossene" gewählt haben.

Die offenen Fragen

Das Gegenteil der geschlossenen Fragen sind die offenen Fragen, bei denen die Gestaltung der Antwort freier und flexibler ist. Zu den offenen Fragen zählen die bekannten W-Fragen – Wer, Wie, Was, Wieso, Warum, Wo, Weshalb, Wann…

Der Mandant kann bei seinen Antworten weiter ausholen, ins Detail gehen und ausführlich seine Meinung, seine Argumente oder sein Wissen darlegen. Offene Fragen sind deshalb besonders nützlich, um möglichst viel zu erfahren. Hier einige Beispiele:

- **Mit welchen Themen beschäftigen sie sich aktuell in der Rechtsabteilung?**

- **Was ist ihnen bei einem Anwalt wichtig?**

- **Wie genau gehen sie vor, wenn sie einen neuen Berater suchen?**

- **Was könnten wir als Kanzlei für sie tun?**

- **Was könnte sie überzeugen, uns als Berater mit auf das Panel zu nehmen?**

Beispiel:

Rechtsanwältin Jung ist immer wieder erstaunt, wieviele wertvolle und gute Informationen sie in einem kurzen Gespräch mit Mandanten erhält.

Sie hat sich angewöhnt, die wertvolle Zeit mit Mandanten nicht mehr mit eigenen langen Ausführungen zu vertrödeln, sondern gut zuzuhören und den Anderen sprechen zu lassen. Am Anfang hatte sie dabei ein sehr merkwürdiges Gefühl. Fast so, als würde sie nichts leisten. So sehr war sie es gewohnt, sich immer wieder zu präsentieren. Mittlerweile ist sie aber der klaren Überzeugung - weniger ist mehr.

Geschlossene und offene Fragen als Oberkategorie

„Geschlossene und offene Fragen" sind nur Oberkategorien, die unterschiedlich genutzt werden können und zu denen viele weitere Fragetechniken zählen. Auch wenn Sie sich in der Bedarfsermittlung mit offenen Fragen schon ans Ziel kommen, möchte ich Ihnen an dieser Stelle die anderen Fragetechniken kurz vorstellen. Beachten Sie dabei aber bitte Folgendes:

Es geht nicht darum, einfach nur eine Fragetechnik an die andere zu reihen. Das wirkt auswendig gelernt und fällt vermutlich sofort auf. Es erfordert deshalb etwas Übung, bis die Fragetechniken natürlich in eine Konversation einfließen. Beginnen Sie damit, einzelne auszuwählen und vereinzelt, aber gezielt einzustreuen. So werden Sie mit der Zeit immer besser.

Die Einstiegsfragen

Manchmal kann es angebracht oder sogar erforderlich sein, doch in der Regel ist es nicht empfehlenswert, gleich mit der Tür ins Haus zu fallen. Mit einer Einstiegsfrage gelingt der weniger offensive Einstieg in ein Gespräch. Sie können beispielsweise Fragen, welches Thema auf der Tagesordnung steht, welches Anliegen Ihr Gesprächspartner auf dem Herzen hat oder womit Sie weiterhelfen können.

Das wirkt sympathisch, da Sie niemandem ein Gesprächsthema aufzwingen, bringt Sie aber gleich in eine Position, in der Sie das Gespräch lenken. Sie erfahren, was Ihr Gegenüber erwartet, welche Themen wichtig sind und worauf Sie eingehen sollten. Hier einige Beispiele;

• **Kennen sie den genauen Ablauf des Vortrags?**

• **Wissen sie, wo ich... finden kann?**

- **Wissen sie, wann Pausen angedacht sind?**

Stellen Sie nur dann diese Fragen, wenn Sie die Antwort wirklich interessiert. Auswendig gelernte Textbausteine wirken holzig und sind wenig authentisch.

Die Hypothetischen Fragen

Hypothetische Fragen gehen etwas tiefer in die Rhetorik. Es geht darum, ein Gedankenexperiment zu wagen oder einen theoretischen Soll-Zustand zu erschaffen.

Durch eine hypothetische Frage wird zwar keine direkte Antwort oder Lösung für ein bestehendes Problem gefunden, doch können sie dabei helfen, den Denkhorizont des Mandanten zu erweitern und bisher noch unentdeckte Ansätze zu finden.

Einige beispielhafte hypothetische Fragen wäre etwa:

- **Wie würden sie darüber denken, wenn ich ihnen Folgendes anbiete... ?**

- **Was müßten wir tun, um mit ihnen ins Geschäft zu kommen ?**

- **Wenn ich ihnen verspreche, folgendes für sie zu erreichen..., wie würden sie darüber denken?**

Die Paradoxen Fragen

Auch paradoxe Fragen zielen auf eine kreativere Lösung ab und sollen neue Blickwinkel auf Probleme ermöglichen.

Es klingt – wie der Name bereits andeutet – paradox, doch kann es sinnvoll sein, die Fragestellung umzudrehen. Statt nur danach zu suchen, was eine Besserung der Situation bringt, sollen Faktoren ausgemacht werden, die alles noch schlimmer machen könnten.

Der Klassiker dieser Fragetechnik lautet:

• **Wie könnten sie das Projekt komplett zum Scheitern bringen?**

Ziel ist es, daraus abzuleiten, was getan werden muss, um am Ende zum Erfolg zu kommen.

Die Rückfragen

Eine recht einfache, aber dennoch wirkungsvolle Fragetechnik wird häufig vergessen: Die so genannten Rückfragen. Lassen Sie die Antworten Ihres Mandanten nicht einfach so stehen, sondern gehen Sie erneut darauf ein, fragen Sie detailliert nach, verlangen Sie nach Begründungen oder weiteren Erläuterungen.

Durch Rückfragen können Sie deutlich mehr erfahren, als die erste Antwort preisgegeben hat. Gleichzeitig verhindern Sie, dass Sie Geschichten oder Informationen glauben, die nicht oder nur zum Teil der Wahrheit entsprechen. Zum Beispiel:

- **Habe ich es richtig verstanden, dass...**

- **Würde ihre Ausführung thematisch dann bedeuten, dass...**

Die Zirkulären Fragen

Zirkuläre Fragen haben nicht den Zweck, dass Sie sich immer weiter im Kreis drehen, sondern sollen einen Perspektivwechsel ermöglichen, um eine neue Sicht auf die Dinge zu bekommen.

Manchmal ist der eigene Standpunkt sehr beengend und es kann helfen, durch die Augen eines Anderen zu schauen.

- **Was würde Y dazu sagen?**

- **Wenn sie ihr Chef wären, wie würden sie sich in dieser Situation verhalten?**

- **Wenn sie Anwalt wären, was würden sie dann tun?**

Die Zukunftsfragen

Jede Diskussion sollte mindestens eine Zukunftsfrage enthalten, da es ohne diese Fragetechnik schwer ist, ein wirkliches Ergebnis zu erzielen und zu einer Lösung zu kommen.

Zukunftsfragen beschäftigen sich mit dem, was als nächstes getan werden muss und sollen eine konkrete Handlung nach sich ziehen. Beispiel:

- **Und wie gehen wir jetzt vor?**

- **Was darf ich jetzt für sie tun?**

- **Und welchen nächsten Schritt planen wir nun?**

Die Gefühlsfragen

Menschliche Interaktion besteht aus mehr als nur Fakten, Daten, Worten und Zahlen. Gefühle und Emotionen spielen eine große Rolle und sollten deshalb auch bei Fragetechniken berücksichtigt werden.

Gehen Sie auf das Gefühlsleben Ihres Mandanten ein, erkundigen Sie sich danach, wie es ihm geht und was ihm Sorgen bereitet.

- **Wie geht es ihnen bzw. ihrem Team mit der Situation?**

- **Ich selbst würde Folgendes fühlen. Ist das bei ihnen auch so?**

Die Begründungsfragen

Es ist leicht zu erzählen, was gemacht oder welche Entscheidungen getroffen wurden. Viel wichtiger sind aber meist die Gründe, die hinter dem jeweiligen Verhalten stehen. Begründungsfragen zielen genau darauf ab und bringen den Gegenüber dazu, seine Handlungen zu reflektieren und Motive offenzulegen.

- **Warum denken sie so?**

- **Darf ich fragen, was sie zu der Annahme bringt?**

- **Mögen sie mir sagen, wie sie dazu kommen?**

Die Vergleichsfragen

Gerade bei Problemen ist es oft ein wichtiger Schritt, sich das Ausmaß wirklich bewusst zu machen. Da dies bei komplexen Themen nicht ganz einfach ist, kann ein simpler Vergleich helfen, einen besseren Überblick über die Situation zu bekommen. Nutzen Sie ein bereits gelöstes Problem als Vergleichswert und fragen Sie, wie schlimm das aktuelle Anliegen im Vergleich ist. Hilfreich kann auch sein, das Thema auf einer Skala von 1 bis 10 zu bewerten.

Die Lösungsorientierten Fragen

Lösungen kommen oftmals aus einem einfachen Grund nicht zustande: Es wird gar nicht über sie geredet. Stattdessen dreht sich alles nur um das Problem, um Schwierigkeiten und Herausforderungen. Lösungsorientierte Fragen ändern dies und zwingen dazu, wirklich über die Problemlösung nachzudenken.

- **Wie könnte man das Thema lösen?**

- **Was hat sich geändert, seid... besser läuft?**

Beim Training der Fragetechniken achten Sie bitte darauf, dass sich der Gesprächspartner nicht zu sehr „ausgefragt" fühlt.

Wenn Sie den anderen mit einer Frage nach der anderen konfrontieren, dann ist er nur noch in der passiven Situation und sucht nach Antworten. Das kann zwar erhellend, aber für ihn auch sehr intensiv und anstrengend sein. Setzen Sie sich einmal mit Ihrem Kollegen an einen Tisch und bitten ihn, nacheinander nur Fragen zu stellen. Sie werden bemerken, dass Sie danach erschöpft sind.

Welche Fragen stellen Sie zu welchem Zeitpunkt?

Es gibt keinen klar definierten Ablaufplan, welche Frage Sie zu welchem Zeitpunkt stellen sollten. Letztlich bestimmt auch Ihr Mandant, wie schnell Sie zu welchen Themen kommen. Grundsätzlich sollten Sie allerdings am Anfang eines Gesprächs immer die so genannten „Einstiegsfragen" nutzen, um locker ins Gespräch zu kommen. Dann wechseln sich offene und geschlossene Fragen ab. Und möglicherweise streuen Sie hin und wieder auch einmal eine der vorab erwähnten anderen Fragetechniken ein.

Ziel ist der Dialog, nicht der Monolog

Um es noch einmal deutlich zu beschreiben. Fragen von Ihrer Seite sind äußerst wichtig, um mehr von dem Mandanten zu erfahren. Allerdings sollte es nicht darauf hinauslaufen, dass der Mandant einen Monolog hält und Sie nur noch zuhören. Ziel ist es, durch die Fragen Themen zu finden, die für sie beide interessant sind und zu denen sie sich kooperativ austauschen. Insofern sollten Sie Ausführungen und Informationen des Mandanten auch immer dazu nutzen, eigene Erfahrungen, Wahrnehmungen und Beispiele einzustreuen. Denn auch der Mandant möchte etwas von Ihnen erfahren.

Vorsicht bei heiklen Fragen

Es gibt heikle und auch weniger heikle Fragen. Natürlich

ist es Ihr Ziel, möglichst viele wertvolle Informationen durch Ihren Mandanten zu erlangen. Zu den etwas heiklen Fragen gehören zum Beispiel folgendeThemen:

- **Wie genau das Organigramm des Unternehmens und insbesondere der Rechtsabteilung aussieht**

- **Wer genau in dem Unternehmen die Entscheidung trifft, welcher Berater mandatiert wird**

- **Nach welchen Kriterien Rechtsanwälte und Steuerberater ausgewählt werden**

- **Mit welchen Wettbewerbern der Mandant zusammen arbeitet**

- **Ob der Mandant mit seinen Beratern zufrieden ist und ob er an einen Wechsel denkt**

- **Was der Berater tun kann, um ganz konkret beim nächsten Mandat berücksichtigt zu werden**

- **Welches Budget dem Mandanten für Beratung zur Verfügung steht**

Das bedeutet keineswegs, dass Sie die Fragen nicht stellen dürfen. Der Zeitpunkt muss aber der richtige sein. Der Mandant ist dann bereit, mit Ihnen auch diese Themen zu besprechen, wenn er Vertrauen zu Ihnen aufgebaut hat und in Erwägung zieht, mit Ihnen in der Beratung zusammen zu arbeiten. Warum sonst sollte er diese Internas mit Ihnen teilen? Lassen Sie also Ihren

Bauch sprechen und überlegen Sie nicht nur - sondern nehmen auch emotional nach - ob der Zeitpunkt bereits gekommen ist, sich darüber auszutauschen. Wagen Sie vielleicht einen kleinen Schritt nach vorne und schauen, wie der Mandant darauf reagiert. Wendet er das Gespräch wieder zu einem anderen Thema, dann wissen Sie, dass der Zeitpunkt noch nicht gekommen ist. Oder gibt er bereitwillig darüber Auskunft - dann dürfen Sie das Thema vertiefen und weitere Fragen dazu stellen.

Beispiel:

Rechtsanwältin Fuchs mag es klar und deutlich. Sie selbst ist ein sehr offener Typ und kann über sich und ihre Gefühle offen sprechen. Allerdings fehlt ihr manchmal auch ein wenig das Fingerspitzengefühl für die jeweilige Situation. Manche Mandanten gehen damit ganz locker um und mögen ihre direkte Art zu fragen.

Viele sind aber auch abgeschreckt und können mit ihrer Art gar nichts anfangen. So steuert sie im Gespräch immer schnell auf die wesentlichen Fragen zu. Wie ist die Rechtsabteilung aufgestellt, mit welchen Beratern arbeitet der Mandant zusammen und was muss sie tun, um ins Geschäft zu kommen.

Alles gute und zielgerichtete Fragen, so denkt sie. Aber vielleicht manchmal zur falschen Zeit gestellt. Vielleicht sollte sie doch am Anfang etwas vorsichtiger und abwartender agieren. Mal schauen, ob sie das aushalten kann, sie ist halt ein direkter Typ und möchte sich auch nicht verstellen.

Kapitel 4

Sich selbst und sein Produkt professionell präsentieren So entfalten Sie Wirkung

Beispiel:

Rechtsanwalt Wenk hat seine Art und Weise, sich selbst und seine Dienstleistungen zu präsentieren, in den letzten Jahren ganz bewusst verändert. Früher hat er sich in seiner Eigendarstellung von anderen Attributen leiten lassen.

Als Jurist neigt er natürlich immer dazu, Themen beschreibend, vollständig und fachlich korrekt an den Anderen zu vermitteln. Das hatte zur Folge, das seine Darstellung nicht unbedingt die überzeugendste war, wenngleich inhaltlich richtig und wertvoll.

Er hat sich viele Präsentationen, sowohl im Internet, als

auch in Gesprächen anderer Berater angesehen und diese analysiert. Dabei ist ihm aufgefallen, dass die Präsentationen, die ihm gefallen und denen er gerne folgt, einen großen unterhaltsamen Faktor haben. Früher hätte er gedacht, dass es nicht möglich ist, sich als Berater seriös und dennoch unterhaltend zu präsentieren. Diese Meinung mußte er revidieren.

Neben einigen rhetorischen Änderungen, die er vorgenommen hat, bemüht er sich heute, dem Mandanten sehr anschaulich zu präsentieren, was er berät und wie ein Mandat mit ihm aussieht. Das macht er an vielen Beipielen fest und beschreibt sehr bildhaft, wie er arbeitet. Es versteht sich von selbst, dass er zwischendurch immer wieder den Mehrwert des Mandanten erwähnt und ganz besonders herausstellt. Sein Erfolg ist, dass die Mandanten ihm heute gerne zuhören und er Menschen mit seiner Präsentation fesseln kann. Mehr kann man nicht verlangen, so denkt er.

So finden Sie den richtigen Zeitpunkt

Genug gefragt - nun betreten Sie die Bühne. Wobei ich an dieser Stelle gerne noch einmal deutlich machen möchte, dass die Gesprächsphasen sich immer mal wieder abwechseln. Small Talk ist nicht in den ersten Minuten „abgehakt". Immer wieder im Gesprächsverlauf werden Sie auf lockere Themen zurückkommen. Und auch die Fragen werden nicht am Stück gestellt, sondern im Gesprächsverlauf regelmäßig auftauchen.

Ihre eigene Präsentation sollte immer erst dann erfolgen, wenn Sie verstanden haben, in welchem Bereich der Mandant Bedarf hat. Es sei denn, der Mandant bittet Sie vorher, etwas über sich zu erzählen. Wann aber genau ist der richtige Zeitpunkt? Sollten Sie eine Gesprächspause des Mandanten nutzen, um sich zu präsentieren? Oder was ist zu beachten?

Letztlich ist es eine Frage Ihres Gefühls, wann es passend ist, über sich und seine Dienstleistung zu sprechen. Häufig ist es so, dass - nachdem der Mandant viel über sich und seine Arbeit berichtet hat - die Pausen zwischen den Gesprächseinheiten immer etwas länger werden. Es ist alles gesagt worden und die Themen gehen dem Mandanten so langsam aus. Nun ist es wichtig, dieses Verhalten richtig zu interpretieren.

Viele Anwälte denken nun, dass das Gespräch beendet ist. Das ist in den meisten Fällen aber nicht der Fall. Die Pausen zeigen nur, dass sich das Gespräch nun in eine andere Phase wandelt. Die so genannte Präsentationsphase bricht an. Sie haben den Mandanten verstanden und kennengelernt und wissen, was ihn beschäftigt. Nun stellen Sie sich und Ihre Kanzlei vor und berichten, wie Sie ihm helfen können. Dabei ist es jetzt ganz entscheidend für Ihren Erfolg, dass Sie schnell da anknüpfen, wo der Mandant steht und Fragen hat. Holen Sie also jetzt nicht langatmig aus und berichten über die zehnjährige Historie Ihrer Kanzlei oder die zwanzig verschiedenen Praxisgruppen. Das mag zu einem anderen Zeitpunkt eine wertvolle Information sein, aber nicht jetzt.

Knüpfen Sie dagegen vorsichtig an das Gespräch an und nehmen Sie aktiv Punkte auf, über die der Mandant berichtet hat. Erläutern Sie - passend zu diesen Themen - was Sie und Ihre Kanzlei in diesen Fragestellungen anbietet und welche Erfahrungen Sie sammeln konnten. Vielleicht haben Sie einen anderen Mandanten genau in dazu beraten und verfügen über Referenzen. Oder Sie haben einen interessanten Vortrag dazu gehalten, einen Newsletter geschrieben etc. Hierzu eignet sich zum Beispiel die folgende sprachliche Überleitung:

Beispiel:

„Danke für Ihre Information. Das ist wirklich interessant. Mir ist zu ihrem Thema, über das sie erzählt haben, gerade folgendes eingefallen, das für sie vielleicht interessant sein könnte...", oder

„Das hört sich wirklich spannend an. Ich selbst habe zu diesem Thema in den letzten Monaten einen Mandanten beraten. Wir haben folgendes getan...".

„Nachdem, was sie gerade berichtet haben, bin ich heute abend genau der richtige Gesprächspartner (mit einem Augenzwinkern). Ich bin seit vielen Jahren im Thema... unterwegs und würde sehr gerne an ihre Erfahrung anknüpfen."

Auch wenn ich gerade diese Wörter benutze, seien Sie bitte vorsichtig mit typischen Floskeln wie „das ist interessant, das ist spannend". Wenn Sie das wirklich finden, dann können Sie diese Begriffe verwenden. Achten Sie aber bitte darauf, dass nicht jeder Satz von Ihnen so beginnt. Das schwächt Ihre Aussage, da es nicht mehr authentisch herüberkommt. Jedes Thema kann für Sie einfach nicht spannend sein.

Ziel Ihrer Vorstellung ist es, einen guten inhaltlichen Anknüpfungspunkt zu finden. Ihre Präsentation sollte dann in ein interessantes und gleichberechtigtes Gespräch münden. Dieses Gespräch wird aus Fragen und Berichten von Ihnen, aber auch dem Mandanten bestehen. Wichtig ist es, dass sie sich beide darin wohlfühlen und es inhaltlich bereichernd ist.

Sehr schön wäre es natürlich, wenn Sie einen konkreten Bedarf des Mandanten aufnehmen, sich dazu austauschen und während des vertieften Brainstormings auf neue Themen stoßen, die dem Mandanten noch gar nicht deutlich sind. Denn den Bedarf, den der Mandant bereits schon selbst erkannt hat, ist möglicherweise schon in Form eines Mandates an den bestehenden Berater gegangen. Ideen, Ansätze, Fragen oder weitere Bereiche, die sie nun gemeinsam erarbeiten und entdecken, sind aber noch nicht vergeben. Wenn Sie hier eine interessante eigene Expertise aufzeigen, sympathisch und vertrauensvoll wirken und der Mandant bereit ist, dieses Thema anzugehen, dann stehen die Chancen sehr gut, sich in einem ersten Beratungsmandat unter Beweis stellen zu dürfen.

Beispiel:

Rechtsanwältin Meyer hat sich in der Bedarfsermittlung darauf spezialisiert, Themen aufzudecken, die dem Mandanten selbst noch gar nicht deutlich sind. Hierzu verwendet sie unterschiedliche Fragetechniken und gibt sich mit pauschalen Antworten nicht so schnell zufrieden. Das gelingt ihr natürlich immer nur dann, wenn der Mandant auch bereit ist, sich zu öffnen und etwas Zeit ist, gemeinsam neue Themen zu entdecken. Insofern versucht sie im ersten Kontakt immer eine kleine Kostprobe ihrer kreativen Ideen und Ansätze zu geben, damit der Mandant das Gefühl hat, dass es sich lohnt, sich mit ihr noch einmal näher zu unterhalten. Dabei greift sie in die Trickkiste der Psychologie. Keinesfalls, um zu manipulieren, sondern um zu überzeugen.

Sie gibt sich nicht mit oberflächlichen Gesprächen und Antworten zufrieden. Vielmehr erkundet sie immer auch das Motiv, das den Mandanten antreibt, einen Berater zu engagieren. Sehr einfach ausgedrückt, kann „Angst" oder „Gier" eine Rolle spielen. Das hat sie schnell verstanden. Natürlich spielen aber viele andere Motive eine weitere Rolle. Sobald sie diese erkannt hat, verändert sie ihre Argumentation.

Viel hilft nicht immer viel

Sie dürfen sehr gerne ausführlich über Ihre Erfahrungen und Dienstleistungen berichten. Alles, was den Mandanten interessieren könnte, ist richtig. Auch hier gibt es keine Checkliste, die immer passt, jedoch eine erste Orientierung sein kann. Folgende Themen sind häufig interessant für den Mandanten - immer anknüpfend an den konkreten Bedarf:

- **Ihre Expertise und Expertenstellung für das Thema (in welchen Projekten waren Sie bereits tätig?)**

- **Ihre Referenzen (insbesondere solche, mit denen der Mandant sich identifizieren kann)**

- **Beschreibende Beispiele, wie Sie die Beratung angehen und welche Erfahrungen Sie gesammelt haben (Schilderung von Best Practices)**

- **Der Aufbau und die Größe Ihres Teams (Anzahl, Ausbildungsstand, Expertenwissen)**

- **Mit welcher Haltung Sie an die Beratung herangehen (Grundsätze und Prinzipien, die Ihnen in der Zusammenarbeit wichtig sind)**

- **Wie Sie die Zusammenarbeit mit dem Mandanten gestalten (konkrete Skizzierung eines Mandats)**

- **Wie Sie Qualität im Mandat sicherstellen**

- **Welches Honorar Sie für Beratung aufrufen**

- **Was andere Mandanten über Sie sagen („Mandanten würden mich beschreiben als...")**

- **Wie Sie sich fachlich in Ihrem Thema, aber auch in der Branche des Mandanten „fit" halten**

Versuchen Sie sich immer wieder konsequent in die Rolle des Mandanten zu versetzen und sich die Frage zu stellen, was genau Sie jetzt von einem Berater erwarten würden, um weiter zuzuhören und Interesse zu entwickeln. Zahlen Sie konsequent auf den Mehrwert des Mandanten ein. Er hat als Auftraggeber das Recht, etwas zu bekommen, was er als sinnvoll ansieht.

Insofern beachten Sie nicht nur den inhaltlichen Mehrwert, den Sie ihm erbringen können. Der Mandant ist auch Mensch mit persönlichen Interessen und arbeitet in einem System, in dem er sich erfolgreich durchsetzen und Erfolge bringen muss. Daher wird es für ihn nicht nur interessant sein, was Sie fachlich für ihn tun können, sondern inwiefern Sie diese anderen begleitenden Bedürfnisse verstanden haben und diese bedienen. Einfach ausgesprochen, dem Mandant wird es immer auch darum gehen, in seinem Bereich und dem Unternehmen „gut auszusehen" und seine eigene Karriere weiter zu fördern.

Beispiel:

Rechtsanwalt Mundt ist fachlich nicht der beste Anwalt. Diese Erkenntnis ist für ihn nicht neu. Und dennoch kann er sich vor Mandaten kaum retten. Sein Erfolgsrezept? Er hat schnell verstanden, dass er seine Mandanten gut aussehen lassen muss. Was bringen fachlich und inhaltlich brilliante Gutachten und Schriftsätze, wenn der Mandant mit diesem Arbeitsergebnis im Unternehmen nicht „glänzt". Und genau dafür sorgt Herr Mundt. Er kennt die persönlichen Beweggründe seiner Mandanten, Sorgen, Ängste und Nöte und würde sich selbst als ganzheitlicher Berater bezeichnen.

In jedem neuen Mandat stürzt er sich nicht sofort in die

inhaltliche Bearbeitung sondern versucht so schnell wie möglich, das Umfeld und die Intention des Unternehmens, aber auch seines Mandanten zu verstehen. Dadurch hat er die Möglichkeit, das Beratungsprodukt und die Art und Weise, wie dieses kommuniziert wird, mit zu steuern. Genau das schätzen seine Mandanten an ihm. Ein unternehmerischer Anwalt, der es verstanden hat, die Unternehmenspolitik mit in das Beratermandat einzubeziehen.

Kommen wir noch einmal auf Ihre Präsentation bzw. Kanzleidarstellung zurück. Alles ist richtig, solange Ihr Mandant Ihnen auch aufmerksam zuhört und sein Interesse zeigt. Insofern ist es wichtig, erste Signale des Desinteresses wahrzunehmen. Da Ihr Mandant Sie meistens nicht unterbrechen wird, wenn es ihm zu viel ist, ist es wichtig, seine Körpersprache zu beachten. Solange er Sie ansieht, Rückfragen stellt und sich Ihnen zuwendet, sind Sie mit ihm in einem gutem Kontakt.

Typische Signale, dass sich der Mandant anfängt zu langweilen, sind zum Beispiel:

- **Er beendet den Blickkontakt mit Ihnen bzw. er läßt sein Blick über Sie hinweg in die Runde gleiten**

- **Er dreht sich körpersprachlich von Ihnen weg und zeigt Ihnen die „kalte Schulter"**

- **Er wird einsilbig und ist bei Rückfragen „gar nicht mehr bei der Sache"**

- **Er beschäftigt sich mit seinem Smartphone, Kalender etc.**

- **Er fängt an, sich mehr zu bewegen und unruhiger auf der Stelle zu treten**

Es mag durchaus sein, dass Sie denken, der Mandant müßte noch weitere interessante Dinge über Sie oder die Kanzlei erfahren. Und dass Sie den Mandanten nicht mit „halben" Informationen aus dem Gespräch entlassen möchten. Ihre Meinung und Einschätzung - auch wenn das hart klingen mag - ist an dieser Stelle aber nicht relevant. So genannte „Zwangsbeglückungen" zu betreiben, ist nicht erfolgreich. Ganz im Gegenteil, der Mandant lernt gerade, dass es nicht um ihn geht.

Wenn Sie den Kontakt zu Ihrem Mandanten jetzt nicht verlieren möchten, dann wenden Sie sich ihm über eine Frage wieder zu. Das könnte zum Beispiel folgendermaßen aussehen:

Beispiel:

„Liebe(r) Frau/Herr Y, haben sie noch weitere Fragen zum Thema...? Konnten sie mit meinen Erfahrungsberichten etwas anfangen? Waren für sie interessante Aspekte dabei, über die sie gerne mehr erfahren würden? Was denken sie über...?"

Wirkung entfalten durch starke Rhetorik

Kommen wir kurz zu Ihrem Auftritt, auch wenn dieser - wie bereits erwähnt - in einem weiteren Buch beschrieben wird. Ihre Fachexpertise und Praxiserfahrung sollte in einer angemessenen Art und Weise dargestellt werden. Es geht nicht darum, laut zu „trommeln", die rein sachliche Beschreibung ist aber häufig zu wenig, um die Aufmerksamkeit des Mandanten zu gewinnen.

Körpersprache und Stimme müssen zu einem starken Inhalt passen, aber auch die Rhetorik, auf die ich gerne kurz eingehen möchte. Vielleicht haben Sie durch die Erzählung des Mandanten bereits erkennen können, wie genau er selbst sich sprachlich ausdrückt und welche Keywords er gerne benutzt. Wenn Sie es sinnvoll finden, dann binden Sie diese Wörter auch in Ihre Darstellung ein, so hat der Mandant das Gefühl, dass Sie sich über das Gleiche unterhalten.

Ansonsten gilt:

- **Bilden Sie kurze, knappe Sätze**

- **Vermeiden Sie Fachbegriffe und Abkürzungen**

- **Sprechen Sie klar und deutlich**

- **Halten Sie Blickkontakt mit dem Mandanten**

- **Sprechen Sie in „Ich", „Wir" und „Sie" Form und vermeiden Sie das Wort „man", so dissoziieren Sie sich nur vom eigentlichen Inhalt**

- **Verbinden Sie Herausforderungen immer mit Lösungen**

- **Erwähnen Sie Ihre Erfahrung und Referenzen, wenn Sie in dem entsprechenden Bereich über welche verfügen**

- **Stellen Sie immer wieder eine Verbindung zwischen Ihrer Präsentation und dem Bedarf des Mandanten her**

- **Stellen Sie den Mehrwert des Mandanten konsequent heraus (Ich biete Ihnen..., das bedeutet für sie...)**

- **Nehmen Sie Rücksendesignale des Mandanten auf (nickt er ab, zweifelt er etwas an, wirkt er gelangweilt) und gehen Sie darauf ein**

- **Binden Sie Beispiele, Bilder, Symbole oder Metaphern in Ihre Präsentation mit ein**

Gerade der letzte Punkt ist sehr interessant. Neurowissenschaftliche Studien belegen eindeutig, dass sich Menschen stärker und auch nachhaltiger begeistern, wenn Informationen über Beispiele, Gesichten, Metaphern oder auch Symbole dargestellt werden. Unsere beiden Gehirnhälften werden unterschiedlich stimuliert. Während eine für die Aufnahme der Informationen,

Zahlen, Daten und Fakten verantwortlich ist und nach ca. zehn Minuten abschaltet, kann die kreativ Gehirnhälfte stundenlang zuhören. Voraussetzung ist jedoch, dass Sie die Präsentation richtig aufbereiten und den kreativen Anteil stimulieren.

Vielleicht überlegen Sie sich einmal, wie Sie Ihre Dienstleistungen „anfassbarer", „einfacher" und „bildlicher" präsentieren können. Oder Sie bedienen sich einem anonymisierten Beratungsfall und stellen an diesem Ihre Leistungen und Arbeitsweise dar. Das so genannte Story Telling wird mittlerweile in vielen Präsentationen und auch Pitches eingesetzt, nicht nur in den USA, sondern auch hier in Deutschland.

Beispiel:

Rechtsanwalt Simon vermeidet bei der Vorstellung seiner Person die üblichen Floskeln. Er startet immer direkt mit einem konkreten Beispiel.

„Lieber Mandant x, ich möchte ihnen anhand eines kurzen Beispiels zeigen, wer ich bin, was ich tue und wann genau ich der für sie passende Berater bin."

Anfänglich war er noch etwas unsicher, ob der Mandant diese Art von Vorstellung nicht unseriös findet. Mittlerweile ist er aber überzeugt - sein Weg ist genau der richtige. Er bekommt nach seiner Vorstellung immer ein absolut positives Feedback und die Mandanten bedanken sich bei ihm, dass er anschaulich und unterhaltend seine Expertise dargestellt hat. Er wundert sich, dass viele seiner Kollegen diesen Fundus nicht nutzen und ihre eigene Vorstellung und Präsentation immer noch wenig trainieren. Viele scheinen das Gefühl zu haben, sich marketingmäßig zu unseriös darzustellen, wenn sie etwas an ihrem Auftritt arbeiten. Dabei muss das doch gar nicht so sein, denkt Herr Simon.

Die neuesten Erkenntnisse aus der Neurowissenschaft in die eigene Vorstellung mit einzubeziehen ist aus seiner Sicht kein unseriöses Verhalten und auch keine Manipulation.

Kapitel 5

Einwände und Hindernisse des Mandanten überwinden Bleiben Sie dran!

Ziel eines jeden Mandantengespräches ist es, in eine gute Arbeitsbeziehung zu kommen. Entweder besteht diese schon und Ihr Ziel ist es, die gemeinsame Zusammenarbeit zu optimieren und zu vertiefen oder aber Sie suchen im Erstkontakt nach Möglichkeiten und Ansätzen, „ins Geschäft zu kommen".

Da Sie sich als Rechtsanwalt in einem kompetitiven Markt befinden und die meisten Mandanten „in festen Beraterhänden" sind, erfolgt nach der Bedarfsermittlung und Präsentation Ihrer Leistung leider nicht gleich das Mandat.

Der Mandant wird in den meisten Fällen Einwände haben, warum er mit Ihnen nicht zusammenarbeiten kann. Diese Einwände sind echt oder unecht (so genannte vorgeschobene Einwände). Geben Sie sich nicht gleich geschlagen, nehmen Sie die Einwände sportlich und

„kämpfen" Sie um zukünftige Mandate.

Ich möchte nicht behaupten, dass Sie jeden Einwand durch entsprechende Kommunikation auch überwinden können. Das wäre absolut unrealistisch. Sie können aber versuchen zu verstehen, was genau hinter dem Einwand Ihres Mandanten steckt und so herausfinden, ob ein zukünftiges Geschäft miteinander zu einem späteren Zeitpunkt möglich ist.

Ruhig bleiben und gut zuhören

Der Einwand des Mandanten, warum er heute (noch) nicht mit Ihnen arbeiten kann, wird der Normalfall sein und ist daher sehr willkommen. Stellen Sie sich auf diese Absage also ein und freuen Sie sich, wenn es anders verläuft!

Schalten Sie nicht auf „Durchzug", wenn Sie die Absage wahrnehmen, sondern hören Sie ganz genau zu, was der Mandant Ihnen zu sagen hat. Unterbrechen Sie ihn nicht und argumentieren nicht gleich dagegen. Auch wenn Sie denken, dass der Mandant mit seinen Ausführungen und seinen Einschätzungen „falsch" liegt. Es gibt kein richtig und falsch, es gibt an dieser Stelle nur eine andere Wahrnehmung. Und Ihr Ziel muss es sein, die Wahrnehmung des Mandanten zu verstehen und aus dieser Erkenntnis heraus zu argumentieren. Tun Sie das nicht, dann kommunizieren Sie aneinander vorbei. Sie haben „Recht behalten", aber sich auch die Chance auf ein Mandat verspielt. Nehmen Sie Einwände sportlich und definieren Sie diese als sportliche Hindernissen die überwunden werden müssen, um das Ziel zu erreichen.

Negatives Beispiel:

„Frau Mandantin Y, danke für ihre Einschätzung. Wenn ich sie hier gleich einmal korrigieren darf. Es ist nicht so, dass... Vielmehr ist richtig... Insofern kann ich ihre Einschätzung nicht nachvollziehen."

Positives Beispiel:

„Herr Mandant Y, vielen Dank für ihre Einschätzung. Es ist wertvoll für mich, ihre Gedanken zum Thema... zu erfahren. Darf ich dazu noch einige weitere Fragen an sie richten?"

Es gibt viele Gründe, warum ein Mandant mit Ihnen als Berater nicht zusammen arbeiten kann oder möchte. Konzentrieren wir uns an dieser Stelle auf die häufig genannten Antworten.

Warum der Mandant mit Ihnen nicht arbeiten kann

Folgendes könnte der Mandant Ihnen antworten:

- **Wir haben bereits einen Berater und sind mit diesem sehr zufrieden**

- **Ihre Kanzlei ist mir in diesem Beratungssegment nicht bekannt**

- **Sie sind mir als Experte nicht bekannt**

- **Ihr Honorar ist zu hoch**

- **Sie sind zu national oder international unterwegs**

- **Ihre Kanzlei ist nicht in der Stadt ansässig, in der wir Beratung suchen**

- **Wir haben schlechte Erfahrung mit ihrer Kanzlei gemacht**

- **Ihre Kanzlei ist nicht auf unserem Panel vertreten**

Möglicherweise fallen Ihnen noch andere Einwände ein, die Sie häufig hören. Ihr Ziel sollte es sein, diese alle zu kennen, zu durchdenken und entsprechende Antworten darauf vorzubereiten. So werden Sie zukünftig diese Einwände nicht mehr als unangenehmes Ereignis ansehen, sondern als einen ganz normalen Gesprächsinhalt,

Wie Sie diese Einwände überwinden

Wie bereits gesagt, wäre es absolut unrealistisch zu

behaupten, dass Sie durch geschickte Kommunikation alle Einwände auflösen könnten. Wenn Sie sich allerdings für den Mandanten interessieren dann ist es wichtig, nun jeden einzelnen Einwand ganz genau zu verstehen. Gehen wir alle möglichen Antworten des Mandanten also kurz einmal durch und überlegen, was genau Sie darauf erwidern könnten:

Wir haben bereits einen Berater und sind mit diesem sehr zufrieden

Zunächst gratulieren Sie dem Mandanten, dass er den für ihn passenden Berater gefunden hat. Wenn es sich ergibt, können Sie auch kurz einmal nachfragen, mit wem er arbeitet. Dann fällt es Ihnen leichter abzugleichen, in welchen Bereichen Sie dem Mandanten vielleicht noch einen Mehrwert erbringen können.

Erfragen Sie beim Mandanten, ob es auch einmal zukünftig Situationen geben könnte, in denen der aktuelle Berater „konfliktet" ist oder er eine weitere Meinung einholen möchte. Wenn der Mandant dieses verneint, dann bleibt Ihnen nichts anderes möglich, als abzuwarten. Vielleicht erwähnen Sie gegenüber dem Mandanten, dass Sie sehr gerne „dran" bleiben möchten und sich ja in der Zukunft möglicherweise irgendwann einmal eine Zusammenarbeit ergeben könnte.

Erwähnen Sie, dass Sie sehr gerne mit ihm zusammenarbeiten möchten , einen großen inhaltlichen Mehrwert erbringen könnten und auch das Gefühl haben, dass es auf der menschlichen Ebene passt. Erwähnen Sie dieses aber nur dann, wenn Sie es wirklich so fühlen.

Möglicher Textbaustein des Rechtsanwalts:

„Ich kenne die Kanzlei, mit der sie arbeiten, lieber Mandant Y, sehr gut. Das ist wirklich eine gute Wahl und ich verstehe, dass sie dort zufrieden sind. Erleben sie manchmal auch Anfragen, in denen dieser Berater konfliktet ist oder erwägen sie hin und wieder die Einholung einer anderen, weiteren Einschätzung? Ergänzend zu dem Kollegen, mit dem sie gut zusammen arbeiten, könnte ich ihnen folgendes an Mehrwert anbieten...

Auch wenn Sie aktuell gut beraten sind, würde ich sehr gerne mit ihnen in Kontakt bleiben. Möglicherweise finden wir zu einem späteren Zeitpunkt einen Ansatzpunkt. Das würde mich sehr freuen."

**Ihre Kanzlei ist mir
in diesem Beratungssegment
nicht bekannt**

Fühlen Sie sich dadurch bitte nicht angegriffen, auch wenn der Mandant eigentlich von Ihnen bereits hätte Kenntnis nehmen müssen.

Nutzen Sie jetzt die Chance, die Kanzlei Schwerpunkte noch einmal vorzustellen. Achten Sie aber darauf, wieviel Information der Mandant gerade aufnehmen möchte und ob er dazu bereit ist. Möglicherweise senden Sie ihm nach dem Gespräch weitere Informationen, Newsletter etc. zu.

Möglicher Textbaustein des Rechtsanwalts:

„Dann ist es ja sehr schön, dass wir uns heute kennenlernen. Ich würde ihnen sehr gerne unsere Kanzlei ganz kurz einmal vorstellen und sende ihnen im Nachgang auch gerne noch etwas zu."

Sie sind mir als Experte nicht bekannt

Nicht alle Mandanten sind sicher so „ehrlich" und werden Ihnen diese Antwort geben. Vielleicht sind Sie noch jung und tatsächlich unbekannt, möglicherweise haben Sie aber auch wenig Eigenmarketing betrieben oder der Mandant hat dieses tatsächlich noch nicht wahrgenommen. Skizzieren Sie kurz Ihre Erfahrung, wenn es passend erscheint oder versprechen Sie, nach dem Gespräch dem Mandanten weitere Informationen zur Verfügung zu stellen.

Möglicher Textbaustein des Rechtsanwalts:

„Wir halten uns in der Tat mit dem Marketing etwas zurück und versuchen eher, in persönlichen Gesprächen unser Profil vorzustellen. Ich bin Experte im Bereich... und verfüge über eine ...jährige Erfahrung. Mandanten würden mich beschreiben als... und in der Tat sind meine Stärken... Referenzprojekte in der letzten Zeit, die ich beraten habe, sind... Was möchten Sie ansonsten noch gerne über mich erfahren?"

Ihr Honorar ist zu hoch

Frage ist zunächst, ob das eine Vermutung des Mandanten

ist oder er tatsächlich weiß, wie und in welcher Höhe Ihre Kanzlei Mandate abrechnet. Insofern sollten Sie dieses zunächst erfragen, um sich weitere Ausführungen zu ersparen. Grundsätzlich gilt, dass Sie es vermeiden sollten, über eine Honorar zu sprechen, ohne die dahinter liegende Leistung zu kennen. Letztlich ist jedes Honorar Ausdruck eines speziellen Leistung. Ist diese größer, ist das Honorar höher. Hat der Mandant ein rein nationales Problem von durchschnittlichem Schwierigkeitsgrad zu lösen, dann wird er dafür nicht die Overhead Kosten einer Großkanzlei zahlen wollen. Möglicherweise sind Sie aber auch in der Lage, in der Kanzlei unterschiedliche Honorarmodelle anzubieten und flexibel auf den Bedarf des Mandanten einzugehen. Dann sollten Sie sich darauf konzentrieren. Vielleicht erfragen Sie auch das Budget, das für das Projekt zur Verfügung steht.

Möglicher Textbaustein des Rechtsanwalts:

„Ich kann sehr gut verstehen, lieber Mandant Y, dass sie natürlich nur das bezahlen möchten, was sie wirklich in Anspruch nehmen. Darf ich noch einmal ganz genau nachfragen, welche Leistung sie genau abrufen möchten? Haben sie ein konkretes Budget, das ihnen zur Verfügung steht? Gibt es ein spezielles Honorarmodell, das für sie attraktiv ist? Ansonsten würde ich ihnen sehr gerne erläutern, wie genau sich unser Honorar zusammensetzt."

Sie sind zu national oder international unterwegs

Auch hier stellt sich zunächst wieder die Frage, welche Art der Beratung der Mandant sucht. Anstatt den Einwand unkommentiert zu lassen, fragen Sie aktiv nach:

Möglicher Textbaustein des Rechtsanwalts:

„In welchem nationalen Umfeld suchen sie Beratung? Was ist ihnen dabei wichtig? Muß die Kanzlei unbedingt in diesem Land eine Niederlassung haben oder darf ich ihnen auch von unseren Erfahrungen berichten, mit Best Friends Kanzleien zusammen zu arbeiten? Sie suchen eine nationale Beratung und denken, dass eine internationale Kanzlei daher für sie nicht sinnvoll ist? Folgendes möchte ich ihnen gerne dazu sagen..."

Ihre Kanzlei ist nicht in der Stadt ansässig, in der wir Beratung suchen

Natürlich läßt sich eine anwaltliche Beratung virtuell abbilden. Und unabhängig von der Stadt, in der sich Ihre Kanzlei befindet, sind Sie mobil und können jederzeit zum Mandanten reisen.

Dennoch gibt es Menschen, die es bevorzugen, einen regionalen Anbieter zu mandatieren. Der Weg zur Kanzlei ist schnell gemacht, um kleine Absprachen zu treffen. Und selbst wenn dieses gar nicht genutzt wird, hat der Mandant das Gefühl, die Kanzlei ist „um die Ecke". Möglicherweise sind der regional ansässigen Kanzlei durch die Vernetzung auch die Geflogenheiten in den einzelnen Behörden und Gerichten bekannter, als einem Anwalt, der aus einer anderen Stadt heraus berät.

Möglicher Textbaustein des Rechtsanwalts:

„Mögen sie mir, lieber Mandant, ganz kurz berichten, was genau sie als Vorteil einer regional ansässigen Kanzlei erleben? Darf ich ihnen kurz berichten, wie wir Mandanten an anderen Standorten beraten, in denen wir nicht vertreten sind und welche Erfahrungen wir damit gesammelt haben?"

Wir haben schlechte Erfahrung mit ihrer Kanzlei gemacht

In den meisten Fällen hat der Mandat wahrscheinlich nicht mit Ihnen direkt schlechte Erfahrung gemacht, sondern mit einem Ihrer Kollegen, der sich vielleicht gar nicht mehr in der Kanzlei befindet. Dennoch ist es wichtig, dass Sie nachfragen und genau verstehen möchten, was in der Beratung nicht gut gelaufen ist. Lassen Sie den Mandanten seinen Frust von der Seele reden und zeigen Sie Verständnis. Wenn es sich anbietet, dann entschuldigen Sie sich offiziell noch einmal dafür und fragen ihn, ob Sie noch etwas für ihn tun können.

Möglicher Textbaustein des Rechtsanwalts:

„Mögen sie mir kurz erzählen, wie sie die Beratung damals empfunden haben und was aus ihrer Sicht nicht gut gelaufen ist?

Wenn ich mir das so anhöre und mich in ihre Rolle und Erwartungshaltung versetze kann ich auch nur sagen, dass das nicht gut gelaufen ist. Das tut mir wirklich leid. Gibt es denn etwas, was ich für sie tun kann, um das

Vertrauen in unsere Beratung wieder her zu stellen?"

Ihre Kanzlei ist nicht auf unserem Panel vertreten

Wenn Mandate nur an Kanzleien gegeben werden, die auf dem Panel sind, dann ist das erst einmal eine Tatsache. Insofern gilt es als ersten Schritt herauszufinden, wie genau Sie auf das Panel kommen.

Möglicher Textbaustein des Rechtsanwalts:

„Wir würden uns für die nächsten anstehenden Mandate natürlich sehr gerne bewerben und ich höre gerade, dass wir dafür auf dem Panel vertreten sein müssen. Wie kommen wir denn dorthin? Was können wir dafür tun?"

Kapitel 6

Die Verabschiedung Bleiben Sie verbindlich

Nicht nur der erste, auch der letzte Eindruck bleibt.

Beispiel:

Rechtsanwalt Dr. Nitte akquiriert viel und gerne neue Mandate auf Netzwerkveranstaltungen. Leider ist der Erfolg noch sehr gering. Die Gespräche beginnen immer sehr erfreulich und die Mandanten scheinen sich für ihn und seine Beratung auch zu interessieren. Es folgt im Nachgang leider aber nicht das, was vom Mandanten versprochen wurde. Heute hat er ein interessantes Feedback erhalten, über das er ernsthaft nachdenkt. Dr. Nitte konzentriert sich während des Gespräches immer sehr auf den Mandanten und ist durchaus empathisch. Wenn er bemerkt, dass sich das Gespräch so langsam dem Ende nähert, schaut er sich hin und wieder über die Schulter des Mandanten schon einmal etwas um.

Er beschäftigt sich innerlich damit, welchen weiteren Kontakt er gleich ansprechen könnte. Das heutige Feedback macht ihm klar, dass der Mandant möglicherweise wahrnimmt, dass er schon mit anderen Themen beschäftigt ist und nicht mehr ganz bei der Sache. Vielleicht ist es tatsächlich so, dass der Mandant dieses als wenig wertschätzend wahrnimmt.

In der Tat ist eine wertschätzende, konzentrierte und auf den Gesprächspartner ausgerichtete Haltung sehr wichtig. Das Schauen auf die Uhr, Spielen mit dem Smartphone oder die Kontaktaufnahme mit anderen Mandanten - während man sich noch nicht einmal verabschiedet hat - ist sehr unhöflich. Und so kann es durchaus sein, dass der Mandant seine ursprüngliche Idee, sich bei Ihnen zu melden, in der letzten Minute verwirft.

Wie geht es weiter?

Sie haben sich gut mit dem Mandanten unterhalten, es ist ein erstes gutes Gefühl zueinander entstanden, auf das sich aufbauen läßt. Nur wenn dieses der Fall ist, sollten Sie den Kontakt weiter ausbauen.

Es kann aber auch ganz anders verlaufen sein. Sie bemerken schon im Gespräch mit dem Mandanten, dass sie nicht zueinander passen. Sie müssen sich überwinden so zu tun, als wenn Sie sich gerne mit ihm unterhalten und gerne Zeit mit ihm verbringen. Insgeheim sind Sie aber zutiefst erleichtert, dass das Gespräch endlich ein Ende gefunden hat.

Ob Sie in diesem Fall trotzdem weiter in den Auf- und Ausbau investieren sollten, ist sehr fraglich. Gegenseitige Sympathie und die Lust, miteinander arbeiten zu wollen, ist immer die Grundlage einer guten Beratung. Sie werden dem Mandanten unbewusst zu verstehen geben, dass Sie mit ihm nicht auf einer Welle sind.

Die Wahrscheinlichkeit, dass er sie in einem Mandat als Berater zukünftig auswählt, ist in dieser Konstellation nicht wirklich groß. insofern sollten Sie gut überlegen, ob Sie in den Kontakt weiter investieren oder sich lieber auf die Mandanten konzentrieren, die auch menschlich zu Ihnen passen. Übrigens, meistens ist es so, dass das Gefühl, zueinander zu passen - oder eben auch nicht - nicht nur auf einer Seite wahrgenommen wird. Gefühle übertragen sich wechselseitig. Der Mandant spürt, ob Sie ihn sympathisch finden. Nur selten ist die eine Person total begeistert vom Anderen und der Andere wenig überzeugt von diesem Kontakt. Gehen wir aber davon aus, dass der erste Kontakt für beide Seiten angenehm war und das Gespräch sich so langsam dem Ende zuneigt. Ein konkretes Mandat konnten Sie noch nicht gewinnen, da Sie gerade erst einmal verstanden haben, was den Mandanten beschäftigt und dieser im übrigen auch feste Berater hat, mit denen er zufrieden ist.

Dennoch möchten Sie gerne den Kontakt aufrechter halten und schauen, ob sich zukünftig eine Zusammenarbeit ergeben könnte.

Der Austausch von Kontaktdaten

Wenn Sie zu Beginn des Gesprächs noch keine Visitenkarten ausgetauscht haben, dann sollten Sie das jetzt nachholen. Achten Sie bitte darauf, dass Sie mit der Visitenkarte des anderen wertschätzend umgehen und diese weder knicken, noch als Notizzettel für andere wichtige Informationen nutzen.

Stellen Sie sicher, in welcher Position Ihr Gesprächspartner in dem Unternehmen tätig ist und was genau er zu verantworten hat. Vielleicht gibt Ihnen der Titel auf der Visitenkarte darüber bereits Auskunft. Wenn dieses aber nicht der Fall ist, erfragen Sie dieses vorsichtig im Gespräch.

Was können Sie für den Mandanten tun?

Sie haben festgestellt, dass Ihr Gesprächspartner für Sie ein interessanter neuer Kontakt ist. Aktuell gibt es aber keinen konkreten Ansatzpunkt der Zusammenarbeit. Sie möchten sich aber gerne „die Erlaubnis einholen", den Gesprächspartner hin und wieder kontaktieren zu dürfen. Es ist nun an Ihnen, den nächsten Schritt zu unternehmen. Bleiben Sie also in dem so genannten Driver Seat.

Möglicherweise ist Ihnen eingefallen, dass Sie für den Mandanten einen interessanten Newsletter, Artikel, Unterlagen haben, die auf sein Thema einzahlen. Dann versprechen Sie ihm, diese am nächsten Tag zuzusenden. Oder Sie kennen eine interessante Veranstaltung, zu der Sie auch gehen und die auch Ihren Gesprächspartner interessieren könnte. Dann laden Sie ihn dazu ein. Jeder Mehrwert, den Sie anbieten können, ist richtig. Wichtig ist, dass Sie nach dem Gespräch das Gefühl haben, sich wieder bei dem Mandanten melden zu dürfen, um den Kontakt aktiv weiter auszubauen.

Verbindlichkeit bis zur letzten Minute

Achten Sie bei der Verabschiedung darauf, dass Sie genau so präsent und offen sind, wie bei der Begrüßung. Halten Sie Blickkontakt, reichen Sie dem Anderen die Hand und konzentrieren sich in diesen Sekunden wirklich nur auf diesen Menschen. Ignorieren Sie ein klingelndes Smartphone und schauen Sie sich auf gar keinen Fall parallel schon einmal um, wer der nächste Ansprechpartner sein könnte. Bedanken Sie sich für den netten Austausch und bringen Sie zum Ausdruck, dass Sie sich über eine Vertiefung des Kontaktes sehr freuen würden.

Seien Sie sich darüber bewusst, dass Sie in dieser letzten Minute durch Unaufmerksamkeit alles zerstören können, was Sie mühsam an Vertrauen in der letzten Stunde aufgebaut haben. Eine fahrige und nicht wertschätzende Verabschiedung hinterläßt beim Gesprächspartner einen „schalen Geschmack".

Beipiel:

„Liebe(r) Frau/Herr Y, schön, dass wir uns heute etwas näher kennenlernen konnten. Leider ist der Abend gleich schon vorbei und ich sehe so viele Ansatzpunkte, die sich für einen weiteren Austausch eignen würden. Ich habe verstanden, dass sie aktuell nicht auf der Suche nach einem Berater sind. Schade, aber das ist dann so. Dennoch würde ich sie sehr gerne weiter über wichtige

Themen informieren, die in ihrem Bereich relevant sein könnten.

Ich habe da auch schon konkrete Ideen und melde mich in den kommenden Tagen mit einigen interessanten Informationen bei Ihnen."

Nach dem Gespräch in Kontakt bleiben

Neue Kontakte müssen gepflegt werden, damit sie sich weiterentwickeln können. Auch wenn Ihre täglichen Aufgaben dieses kaum erlauben, sollten Sie dafür ein Zeitfenster finden. Schreiben Sie dem neuen Gesprächspartner innerhalb der nächsten 24 Stunden eine kurze E-Mail, in der Sie sich noch einmal für den sehr netten Austausch bedanken.

Beispiel:

„Sehr geehrte(r) Frau/Herr Y, ich möchte mich noch einmal sehr herzlich für den interessanten gestrigen Austausch bedanken. Wie versprochen sende ich ihnen anbei unseren aktuellen Newsletter zum Thema..., der sie vielleicht interessieren könnte.

Ich würde mich sehr freuen, sie auf einer der nächsten Veranstaltungen wieder zu sehen und unser Gespräch zu vertiefen. Beste Grüße."

Daneben haben Sie die Möglichkeit, sich über die Portale

Linkedin und XING zu vernetzen. Suchen Sie dort Ihren Gesprächspartner mit Namen und schreiben Sie in die Kontaktanfrage einige nette Zeilen, wie zum Beispiel:

„Sehr geehrte(r) Frau/Herr Y, wir haben uns gestern auf der Veranstaltung.... kennengelernt. Sehr gerne würde ich mich mit Ihnen vernetzen und freue mich über eine Bestätigung. Beste Grüße."

Wenn Sie das Einverständnis Ihres Gesprächspartners eingeholt haben, dann tragen Sie ihn in Ihren Newsletter Verteiler ein.

Sollten Sie noch aktiver den Kontakt aufbauen wollen, dann fügen Sie die Daten in Ihr Kontaktformular ein, in dem Sie alle bestehenden Mandanten „managen". Die Spalte „Wiedervorlage" versehen Sie mit einem Datum und haben sich nun einen Erinnerungsanker gesetzt, wann genau Sie diesen Mandanten gerne wieder kontaktieren möchten.

Kapitel 7

Wenn es mal nicht so gut läuft
So sprechen Sie Kritik professionell an

Es wird im laufenden Mandat oder spätestens in der Honorarnote immer einmal wieder Themen geben, in denen Ihr Mandant anderer Meinung ist als Sie. Das ist ein ganz normaler Vorgang, da gegenseitige Erwartungen nicht immer klar und deutlich ausgesprochen oder einfach nicht gehalten werden.

Viele Anwälte neigen dazu, diese Unstimmigkeiten und Kritikpunkte zu verdrängen. Die Befürchtung ist zu groß, den Mandanten zu verstimmen und die weitere Zusammenarbeit dadurch zu gefährden. Oder Sie hoffen, dass sich der Konflikt im Mandat von selbst irgendwann auflöst. Manchmal geht diese Strategie tatsächlich auf. Oft werden unausgesprochene Konflikte aber auch größer oder verlagern sich in andere Bereiche. Wenn Sie zu lange warten, kann sich die Störung so verfestigt haben, dass es nur mit großer Kraftanstrengung noch möglich ist, alles in eine positive Richtung zu verändern. Insofern gilt der Spruch „Störungen und Konflikte haben Vorrang" und müssen immer schnell angesprochen werden. Wenn Sie einige Punkte in dem Konfliktgespräch beachten, sollten auch diese Gespräche erfolgreich verlaufen und eine Zusammenarbeit mit dem Mandanten nicht zerstören.

**Gehen Sie mit einer
positiven Haltung in das Gespräch**

Am Ende des Tages ist auch ein gutes Konflikt-, Kritik- oder Feedbackgespräch mit dem Mandanten eine Frage Ihrer inneren Haltung und auch das Ergebnis, wie Sie sich in der Rolle des Dienstleisters definieren. Sind Sie bereit, alles für den Mandanten zu tun oder gibt es Grenzen? Wie genau sehen diese Grenzen aus? Ist es in Ihrer Vorstellung erlaubt, auch an dem Mandanten Kritik zu äußern?

Gehen Sie mit der klaren Haltung in das Gespräch, dass Sie gemeinsam mit dem Mandanten eine win-win Situation erarbeiten möchten und es gut und richtig ist, die Kritikpunkte anzusprechen. Ihre innere Haltung und Ihr Selbstverständnis werden Ihren Auftritt (Körpersprache, Stimme und Rhetorik) unmittelbar beeinflussen. Machen Sie sich klar, dass es in Ordnung ist, dass in der Zusammenarbeit immer mal wieder Punkte auftauchen, die gemeinsam diskutiert, kritisiert und besprochen werden müssen.

Wie lautet Ihr Thema?

Worum genau geht es? Was genau läuft in dem Mandat oder aber zwischen Ihnen und dem Mandanten nicht „rund"? Ist es ein einmalig auftretendes Thema, das aber dennoch gerade sehr relevant ist oder betrifft es die grundsätzliche Zusammenarbeit mit dem Mandanten? Wurde das Thema bereits schon einmal angesprochen oder ist es das erste Mal? Kann das Thema isoliert angesprochen werden oder hängt es an anderen? Ist es fachlich oder auch politisch?

Versuchen Sie klar zu definieren, worum genau es Ihnen geht und differenzieren Sie zwischen dem Ober- und möglicherweise den Unterthemen. Reflektieren Sie genau, ob es nur ein „Stellvertreterthema" ist, und sich dahinter etwas ganz anderes verbirgt, oder nicht. Wenn das Thema vielschichtig ist und mehrere Komponenten beeinflusst dann überlegen Sie sich genau, in welcher Reihenfolge was wann bei wem angesprochen werden muss. Manchmal kann eine kleine Zeichnung helfen, die Verflechtungen untereinander deutlich zu machen.

Beispiel:

Rechtsanwältin Schmidt arbeitet seit mehreren Jahren mit dem Unternehmen x zusammen. Den dortige Rechtsanteilungsleiter, Herrn Müller, kennt sie sehr gut. Beide sind ein eingespieltes Team. In dem aktuellen Mandat hat sich die Zusammenarbeit aber verändert, leider nicht zum Positiven. Die für die Mandatsbearbeitung wichtigen Informationen fließen leider nicht mehr so, wie gewohnt. Der Rechtsabteilungsleiter scheint einiges zurückzuhalten.

Frau Schmidt hat am Anfang gar nicht verstanden, warum nun alles so schleppend verläuft. Mittlerweile hat sie aber den Verdacht, dass der Job von Herrn Müller nicht mehr ganz so sicher ist. Er scheint von einer jungen Kollegin in der Rechtsabteilung angegriffen zu werden, die widerum Ziehkind des Finanzvorstands ist. Möglicherweise fechten die beiden gerade intern einen Kampf aus. Denn interessanterweise kommen die Informationen und Unterlagen mittlerweile auch von Frau Fechner, der jungen besprochenen Kollegin von Herrn Müller. Die ganze Situation ist verwirrend und zieht das Mandat sehr in die Länge. Fast könnte man meinen, das Mandat ist ein politischer Spielball von Herrn Müller und Frau Fechner und jeder möchte zeigen, wie viel Macht und Einfluss er im Unternehmen hat.

Frau Schmidt ist unsicher, ob sie diesen Zustand bei Herrn Müller ansprechen soll. Wenn sich ihr Verdacht bestätigt, dann ist diese brisante politische Situation rein sachlich nicht zu lösen. Sollte sie also lieber weiter beobachten und schweigen?

Wer ist in den Konflikt involviert?

Um ein gutes Kritikgespräch mit dem Mandanten zu führen müssen Sie zunächst feststellen, wer in den Konflikt involviert ist. Wer muss mit am Tisch sitzen, um die Hindernisse aus dem Weg zu räumen und eine gute Zusammenarbeit zu gestalten? Ist mehr als eine Person beteiligt und haben Sie zu allen entsprechenden Kontakt?

Beispiel:

Senior Associate Frau Mann betreut das Mandat x. Da sie bereits über große Erfahrung verfügt, kontrolliert ihr zuständiger Partner Dr. Petry nur noch stichprobenartig. Frau Mann arbeitet mit dem Justitiar Herrn Toll zusammen. Herr Toll ist in der Zusammenarbeit nicht ganz einfach. Immer wieder versucht er, Frau Mann in Zwischenpräsentationen oder Besprechungen schlecht aussehen zu lassen. Ursprünglich hatte sie sich dabei nichts gedacht und ist davon ausgegangen, dass Herr Toll einfach noch wenig Erfahrung in der Teamarbeit hat. Mittlerweile stellt sie aber fest, dass er nur sie versucht, bloßzustellen. Sie wendet sich an Ihren Chef, Herrn Dr. Petry, und bittet ihn, diesen Konflikt aus dem Weg zu räumen.

Wie soll sich Dr. Petry verhalten? Müßte er Frau Mann bitten, den Konflikt direkt mit Herrn Toll zu lösen? Oder ist es seine Pflicht als Vorgesetzter? Und spricht er Herrn Toll direkt an oder aber den Vorgesetzten von ihm, Herrn Walter?

Grundsätzlich sind Konflikte immer zwischen den Parteien zu klären, die in ihn verwickelt sind. Denn wer sonst soll beurteilen können, worum genau es geht und wie eine Lösung aussehen könnte? Fühlt sich der Kofliktpartner, wie in diesem Fall Frau Mann, allerdings nicht in der Lage, diesen auszutragen bzw. zu klären, dann sollte der Vorgesetzte als Coach eingreifen. Zunächst kann dieser versuchen, den Konfliktpartner aktiv zu motivieren, dennoch das klärende Gespräch zu suchen und gemeinsam mit ihm überlegen, wie eine gute Gesprächsstrategie aussehen könnte. Jeder Mitarbeiter sollte zunächst Verantwortung dafür übernehmen, Themen, die nicht gut laufen, selbst zu klären und sich diese Kompetenz erarbeiten. Wichtig ist in diesem Fall nur, dass der Konfliktpartner auf der anderen Seite auf der gleichen Hierarchiestufe steht. Im Fall von Frau Mann und Herrn Toll ist das der Fall.

Hätte Frau Mann allerdings einen Konflikt mit Herrn Walter, dem Chef von Herrn Toll, dann sähe die Situation schon ein wenig anders aus. Zwar ist nicht ausgeschlossen, dass Frau Mann auch in diesem Fall das Gespräch mit Herrn Walter sucht. Dieser wird aber aufgrund seiner höheren Hierarchiestufe ihre Kritik möglicherweise nicht annehmen. Hier müßte dann Dr. Petry unterstützen oder im Namen von Frau Mann, oder mit ihr zusammen, das Gespräch mit Herrn Walter suchen.

Es ist daher nicht immer einfacher klar zu bestimmen, in welcher Konstellation ein Konflikt- bzw. Kritikgespräch stattfinden sollte. Allerdings gilt - die Konfliktpartner müssen zu irgendeinem Zeitpunkt mit am Tisch sitzen und der Lösung beidseitig zustimmen. Ansonsten wird der Konflikt nicht gelöst werden können.

So sprechen Sie Kritik an, ohne das Vertrauen zu zerstören

Wie bereits erwähnt bewegen Sie sich auf dünnem Eis. Sie sind Dienstleister, möchten den Mandanten nicht verlieren und sind auf der anderen Seite auch nicht bereit, jeden Kompromiss einzugehen.

Was würde passieren, wenn Sie die Kritik gegenüber dem Mandanten nicht ansprechen?

Stellen Sie sich die Frage was passieren würde, wenn Sie den Konflikt mit dem Mandanten nicht ansprechen und vertagen. Inwiefern würde es die Bearbeitung des aktuellen Mandats beeinträchtigen? Wäre Ihr interner Aufwand bzw. personelle Einsatz größer? Leidet darunter die Qualität des Produktes? Oder verschlechtert sich die Stimmung in Ihrem Team? Sind Sie bereit, diese Themen zu kompensieren und ohne Aussprache mit dem Mandanten zu korrigieren?

Können Sie interne Abläufe so verändern, dass der Kritikpunkt sich einseitig von Ihnen lösen läßt?

Was können Sie von Ihrer Seite dazu beitragen, den Konflikt zu entzerren oder gar aufzulösen? Ist es möglich, das Team oder interne Prozesse so zu verändern, dass die Konfliktpunkte sich auflösen?

Im vorliegenden Fall könnte man Frau Mann gegen einen anderen Kollegen austauschen, der besser mit Herrn Toll zurechtkommt. Reflektieren Sie genau, was es für Sie und Ihr Team heißt, die aktuelle Situation zu entzerren. Eine kleine Änderung im Team, Ihre Art zu kommunizieren oder sich zu verhalten, kann deutlich zu einer Entstressung beitragen.

Beispiel:

Rechtsanwalt Pong arbeitet das erste Mal mit Mandantin Weise zusammen. Um das übertragene Mandat erfolgreich bearbeiten zu können, ist er darauf angewiesen, bestimmt Unterlagen von Frau Pong zu bekommen. Im Mandat stellt sich heraus, dass die Mandantin nicht immer in der vereinbarten Zeit diese Dateien liefert. Herr Pong möchte nicht gleich im ersten Mandat Kritik an Frau Pong üben, auf der anderen Seite ärgert er sich sehr über ihr Verhalten.

Bevor er in das Konfliktgespräch mit ihr geht überlegt er, wie er die Situation selber lösen kann. Er neigt dazu, Wünsche und Erwartungen manchmal nicht klar genug zu formulieren und ist auch immer noch sehr freundlich bis „schwammig", wenn er Themen einfordert. Das ist ihm schon oft von Kollegen als Feedback gegeben worden. Möglicherweise müßte er die fehlenden Unterlagen bei Frau Pong einfach etwas klarer einfordern. Vielleicht gelingt es ihm durch klarere Kommunikation und Ansprache bereits, sein Ziel zu erreichen. Er nimmt sich vor, diese Verhaltensänderung am nächsten Tag auszuprobieren.

Bereiten Sie das Gespräch inhaltlich gut vor

Bereiten Sie sich auf das Kritikgespräch mit dem Mandanten gut vor, gehen Sie bestimmte Formulierungen in Gedanken durch. Wie genau lautet Ihre Zielbotschaft? Differenzieren Sie zwischen Themen, die das Arbeitsergebnis deutlich beeinflussen und solchen, die auf der persönlichen Ebene angesiedelt sind. Möchten Sie beide

Bereiche ansprechen oder sich auf die inhaltliche Ebene beschränken?

Der Mandant mag gewisse Eigenarten haben, die Sie als störend empfinden, das Arbeitsergebnis direkt aber nicht beeinflussen. Hier eine kleine Auswahl an Themen, die Kritikpunkt sein können:

- **Der Mandant verzögert die Herausgabe von Dateien und Unterlagen**

- **Informationen werden nicht vollständig erteilt, so dass das große Gesamtbild fehlt**

- **Abteilungen im Unternehmen des Mandanten arbeiten nicht Hand in Hand und blockieren sich gegenseitig**

- **Die Kommunikation des Mandanten oder seines Teams ist unangemessen und zeitweise beleidigend**

- **Der Mandant oder sein Team drücken sich im Briefing unklar aus und weichen klaren Fragen aus**

- **Zwischen einzelnen Teammitgliedern entstehen Spannungen, welche die Zusammenarbeit beeinträchtigen**

- **Sie werden als Berater als politischer Spielball eingesetzt oder über sie werden Stellvertreter Kämpfe ausgetragen**

- **Versprechen des Mandanten werden nicht eingehalten**

- **Sie werden immer zu spät informiert, nachdem Ereignisse stattgefunden haben, die für die Mandatsbearbeitung wichtig sind**

Möglicherweise fallen Ihnen noch weitere Themen ein, welche die Zusammenarbeit mit dem Mandanten gerade stören.

Alle genannten Themen eignen sich für ein Konfliktgespräch und sind es grundsätzlich „wert", angesprochen zu werden. Aber nicht jeder Punkt wird wahrscheinlich dazu führen, dass Sie das Mandat nicht erfolgreich abarbeiten können. Daher sollten Sie sich auf die Themen konzentrieren, die Sie am meisten stören und Ihre Arbeit fast unmöglich machen.

Wenn Sie sich klar darüber geworden sind, welche Kritikpunkte Sie ansprechen möchten, dann achten Sie darauf, keine generalisierende Vorwürfe zu machen. Alles, was Sie mit „immer" oder „nie" formulieren, wird bei Ihrem Gegenüber höchstwahrscheinlich eine Abwehrhaltung provozieren und der Person nicht gerecht werden.

Bereiten Sie stattdessen einige Beispiele vor und stellen an diesen dar, was genau Sie meinen. Was genau läuft nicht gut und woran ganz genau stellen Sie das fest? Überlegen Sie sich auch, auf welchen Persönlichkeitstypen Sie treffen werden und wie Sie am besten mit ihm umgehen. Welche emotionalen Punkte gibt es, die Sie nicht ansprechen sollten? Was muss passieren, damit

Ihr Mandant Ihnen Aufmerksamkeit schenkt und Kritik annehmen kann?

Wählen Sie den richtigen Zeitpunkt

Das Kritikgespräch sollte nach Möglichkeit zeitnah stattfinden, allerdings auch nicht unmittelbar nach dem zu kritisierenden Ereignis. Je nachdem, welche Emotionen bei Ihnen oder auch dem Mandanten ausgelöst wurden, kann es sinnvoll sein, erst einmal die Situation wieder zu entzerren und zu warten, bis sich die Wogen geglättet haben. Nichts wäre riskanter, als hoch emotional ein Gespräch anzuberaumen – sachliche Argumente bleiben dann schnell auf der Strecke und es kommt ungewollt zu Verletzungen, die das Verhältnis zum Mandanten beeinträchtigen könnten.

Gleiches gilt übrigens auch für Kritikgepräche mit Mitarbeitern oder Kollegen.

Informieren Sie Ihren Mandanten im Vorfeld

Idealerweise stimmen Sie den Termin für ein Kritikgespräch unter vier Augen mit Ihrem Mandanten ab. Sie können das persönlich tun oder auch eine E-Mail mit entsprechendem Hinweis formulieren. Wichtig ist, dass Ihr Mandant Zeit hat, sich auf das Gespräch einzustellen und gegebenenfalls vorzubereiten. So wird er nicht das Gefühl haben, völlig überrumpelt zu werden.

Beispiel:

„Lieber Mandant Y, ich würde mich sehr gerne in der nächsten Woche mit ihnen ein bis zwei Stunden zusammensetzen und unser aktuelles Projekt einmal durchsprechen. Mir sind Punkte aufgefallen, die nicht ganz so optimal laufen und das Projekt gefährden könnten. Da wir beide dieses aber vermeiden wollen, möchte ich mit ihnen dafür eine gute Lösung finden. Wann haben sie Zeit für mich?"

Falls der Mandant an dieser Stelle bereits fragt, worum genau es geht, dann geben Sie ihm einen ersten Hinweis. Achten Sie dabei aber darauf, dass Sie jetzt nicht unvorbereitet und möglicherweise am Telefon in das eigentliche Kritikgespräch gleiten. Verweisen Sie auf den Termin, den Sie mit dem Mandanten vereinbart haben.

Beispiel:

„Lieber Mandant Y, sie fragen, worum genau es geht. Ich würde mich gerne mit ihnen über das Thema Abgabe von Dateien und Dokumenten unterhalten. Da ich hier etwas weiter ausholen muss und es mir wichtig ist, dieses im Detail mit ihnen zu besprechen fände ich es schön, wenn wir uns in Ruhe dafür in der nächsten Woche Zeit nehmen. Am Telefon lassen sich diese Themen immer nicht ganz so gut diskutieren."

Führen Sie das Kritikgespräch auf angenehmen Boden

Wo möchten Sie das Gespräch führen? Beim Mandanten, in der Kanzlei oder auf neutralem Boden? Alle Orte sind denkbar. Wichtig ist es, dass sowohl Ihr Mandant, als auch Sie das Gefühl haben, dass Sie auf Augenhöhe miteinander sprechen und sich beide sicher und wohl fühlen.

Wenn Sie sich über Eck an einen Tisch setzen, vermeiden Sie, dass der Tisch wie eine Mauer zwischen Ihnen steht – kleine Psychotricks tragen bereits dazu bei, die Gesprächsatmosphäre aufzulockern. Noch besser wäre ein Gespräch im Gehen, etwa im Park nebenan, da durch die Bewegung Stress abgebaut werden kann. Das führt außerdem dazu, dass Gedanken besser formuliert werden können. Vielleicht eignet sich ein Mittagessen mit anschließendem Spaziergang, ein Thema anzusprechen.

Steigen Sie freundlich ein

Sie möchten den Mandanten nicht verlieren und sind sich darüber bewusst, dass Sie Dienstleister sind. Dennoch ist es für die Zusammenarbeit wichtig, dem Mandanten ein kritisches Feedback zu geben, da Sie ansonsten die Qualität der Arbeit nicht gewährleisten können.

Insofern werden Sie jedes Kritikgespräch freundlich beginnen. Wenn Sie etwas Positives zu Beginn herausheben, wird der Gesprächspartner eine größere Bereitschaft für die Kernbotschaft haben. Auch wenn sich bei Ihnen Ärger und Wut aufgestaut hat, sind diese einleitenden Worte sehr wichtig.

Bleiben Sie sachlich

Kommen wir zum Herzstück Ihres Kritikgesprächs. Damit Sie Ihre Ziele erreichen, ist es sinnvoll, sich an den anfangs erarbeiteten Punkten zu orientieren. Kommen Sie zügig zu Ihrem Kritikpunkt. Achten Sie darauf, sachlich in Ich-Botschaften zu formulieren, was Sie beobachtet haben. Wichtig ist auch, dass Sie sich auf diesen einen Vorfall in jüngster Vergangenheit beziehen. Seien Sie möglichst klar und konkret, da sich anderenfalls keine Handlungsaufforderungen aus Ihrer Kritik ableiten lassen.

Beispiel:

„Liebe(r) Frau/Herr Y, ich möchte gerne zu dem Punkt kommen, den ich heute mit ihnen reflektieren möchte. Ich nehme in der Zusammenarbeit aktuell folgendes wahr... Das hat für mich und mein Team folgende Auswirkung..."

Geben Sie Ihrem Mandanten die Möglichkeit, zu antworten

Ein Kritikgespräch sollte auch dem Anderen die Möglichkeit geben, seine Wahrnehmung zu skizzieren. An dieser Stelle kann sich auch klären, worin das genaue Problem liegt. Wie nimmt der Mandant die Zusammenarbeit wahr? Kann er etwas mit den Kritikpunkten anfangen? Hat er weitere Punkte, die er als störend empfindet?

Beispiel:

„Liebe(r) Frau/Herr Y, nun habe ich kurz berichtet, wie ich die Zusammenarbeit gerade erlebe. Mögen sie mir kurz schildern, wie es sich für sie darstellt? Haben sie eine ähnliche Wahrnehmung? Oder gibt es weitere Punkte, die aus ihrer Sicht zu optimieren wären?"

Finden Sie gemeinsam eine Lösung

Die Ursachenforschung sollte nicht das Kritikgespräch dominieren. Wichtiger ist es, lösungsorientiert vorzugehen. Dafür ist es am besten, wenn Sie Ihren Mandanten Vorschläge unterbreiten lassen, wie er sich vorstellt, zukünftig solche Probleme zu vermeiden. Sie sollten keine „fertigen Rezepte" unterbreiten, sondern Angebote machen und die Vorschläge Ihres Mandanten ergänzen. Wichtig ist auch, dass die so erarbeiteten Ziele realistisch sind. Wenn eine große Veränderung in kleinere Schritte unterteilt wird, kann das zu schnellen Erfolgserlebnissen führen. So ist eine dauerhaft motivierte Arbeitsweise möglich.

Beispiel:

„Liebe(r) Frau/Herr Y, haben sie bereits spontan schon eine Idee, wie wir das verändern könnten? Ansonsten habe ich mir auch bereits Gedanken darüber gemacht und habe den folgenden Vorschlag... Was halten sie davon? Wäre das ein sinnnvoller Weg?"

Halten Sie die Veränderung nach

Beschreiben Sie, welche Konsequenzen es für das Mandat hat, wenn die getroffenen Vereinbarungen nicht eingehalten werden. Vereinbaren Sie einen weiteren Termin für ein Kritik Gespräch, bei dem es darum gehen wird zu überprüfen, ob sich etwas geändert hat.

Beispiel:

„Liebe(r) Frau/Herr Y, dann lassen sie uns doch folgendes vereinbaren... Ich schlage vor, dass wir in zwei Wochen uns noch einmal kurz zusammensetzen oder telefonieren um zu besprechen, ob sich das Thema verbessert hat. Ist ihnen das Recht?"

Beenden Sie das Gespräch positiv

Wenn Sie ein konstruktives Kritik Gespräch geführt haben, sollten Sie es auch so beenden, wie Sie es begonnen haben, nämlich positiv. Dazu fassen Sie nochmal die wesentlichen Ergebnisse zusammen. Bedanken Sie sich für das Gespräch und verabschieden Sie sich.

Beispiel:

„Liebe(r) Frau/Herr Y, ich möchte mich ganz herzlich für ihre Zeit und Offenheit bedanken. Das wir diese Themen so offen miteinander besprechen können zeigt, wie groß das gegenseitige Vertrauen zueinander ist. Wenn es zukünftig auch von ihrer Seite weitere Kritikpunkte

gibt dann freue ich mich, wenn sie diese ansprechen."

Bereiten Sie das Kritik Gespräch nach

Dazu gehört zu reflektieren, wie es gelaufen ist – haben Sie sich an Ihren eigenen Fahrplan gehalten? Konnten die Kritikpunkte geklärt werden? Wie verhält sich der Mandant zukünftig?

Da Sie in den meisten Fällen das Mandat zusammen mit anderen Associates bearbeiten ist es wichtig, auch diese über das Ergebnis und die zukünftige Vereinbarung zu informieren. Kontrollieren Sie regelmäßig mit dem Team, ob die Zusammenarbeit im Mandat sich verbessert hat.

Und wenn sich der Konflikt mit dem Mandanten gar nicht auflösen läßt?

Es wird sicher auch Fälle geben, in denen ein bis zwei Gespräche mit dem Mandanten stattfanden, der Konflikt sich aber nicht auflösen ließ. Wahrscheinlich sind sowohl Sie, als auch der Mandant, grundsätzlich guten Willens, den Mandatsprozess so optimal wie möglich zu gestalten. Aber nicht immer sind die Hindernisse, die auf dem Weg dorthin liegen, tatsächlich zu beseitigen. Sei es, weil die Wahrnehmung des Mandanten eine andere ist oder auch einfach, weil interne Prozesse, Abläufe oder Strukturen in seinem Unternehmen durch ihn einfach nicht veränderbar sind. Diese aber die Zusammenarbeit berühren.

In diesem Fall müssen Sie die Entscheidung treffen, ob Sie dennoch die Zusammenarbeit fortführen möchten, das Mandat innerhalb der Praxisgruppe abgeben oder sich nach Beendigung des Projektes dafür entscheiden, keine weiteren Mandate mehr von diesem Mandaten anzunehmen.

Kapitel 8

Aktivierung eines alten Kontaktes Sagen Sie nie, es ist zu spät!

Nicht immer verfolgt man konsequent den Kontakt mit bestehenden Mandanten. Ein Projekt ist abgeschlossen, Sie haben viele neue Mandate, die bearbeitet werden müssen und vergessen darüber ganz, die Bestandsmandanten zu pflegen.

Nun sind bereits einige Monate vergangen und Sie haben von einem Mandanten, mit dem Sie immer viel zusammen gearbeitet haben, nichts mehr gehört. Das verunsichert Sie und Sie stellen sich die Frage, was sich verändert hat. Hat er tatsächlich keine neuen Aufträge oder sich für einen anderen Berater entschieden?

Beispiel:

Rechtsanwalt Klar hat vor sechs Monaten das letzte Mal von Mandant x gehört. Mit diesem arbeitet er schon seit drei Jahren regelmäßig zusammen. Normalerweise kommt alle vier bis sechs Wochen eine neue Anfrage.

Nun sind aber mehrere Monate vergangen. Rechtsanwalt Klar war so tief in andere Mandate involviert, dass er es verpasst hat, sich zwischendurch mit dem Mandanten zu treffen und das Verhältnis zu pflegen.

Was soll er nun tun? Es ist ihm unangenehm, sich nach sechs Monaten zu melden. Ist es dafür jetzt nicht zu spät? Wie kommt das beim Mandanten an? Sollte er ihn anrufen oder auf die nächste Gelegenheit warten, ihn auf einem Netzwerktreffen zu sehen?

Sicher ist es deutlich schwerer, einen Kontakt wieder aufleben zu lassen, wenn Sie lange Zeit nichts von einem Mandanten gehört haben. Sie wissen nicht mehr genau, wo der Mandant steht und was ihn beschäftigt, die Beziehung untereinander ist etwas abgekühlt. Dennoch gibt es keinen guten Grund, sich nicht auch nach Monaten oder Jahren wieder einmal zu melden. Was soll schon passieren?

Letztlich ist es wieder einmal eine Frage Ihrer inneren Haltung. Was denken Sie selbst darüber? Ist es für Sie in Ordnung, sich zu melden? Wenn Sie ein merkwürdiges Gefühl dazu haben, was macht das aus? Warum fühlen Sie sich nicht gut dabei? Was sind Ihre Befürchtungen?

Hier eine Auswahl möglicher blockierender Glaubenssätze:

- **Der Mandant muss doch denken, dass er mir nicht wichtig ist**

- **Der Mandant merkt, dass ich mich immer nur**

melde, wenn ich neue Mandate brauche

- **Die Kontaktpflege ist als Dienstleister meine Pflicht. Dieser bin ich nicht nachgekommen**

- **Der Mandat hat sicher nicht für mich, dann muss ich auch gar nicht anrufen. Ansonsten hätte er sich bei mir gemeldet**

- **Der Mandant hat sich sicher für einen anderen Berater entschieden, dann muss ich jetzt auch nicht mehr hinterherlaufen**

- **Ich bin von meiner Leistung im letzten Mandat auch nicht so wirklich überzeugt. Ich möchte mir dazu gar kein Feedback vom Mandanten einholen, das wird nur unangenehm**

Auf der anderen Seite gibt es auch viele Gedanken „im Kopf", die Sie ermutigen könnten, anzurufen:

- **Ich habe schon lange nichts mehr von dem Mandanten gehört und freue mich sehr, ihn wieder einmal zu sprechen**

- **Ich hatte in den letzten Monaten einfach sehr viel zu tun und verzeihe mir, dass ich mich nicht beim Mandanten melden konnte**

- **Wenn der Mandant Bedarf gehabt hätte, dann bin ich überzeugt davon, dass er sich bei mir gemeldet hätte**

- **Ich baue darauf, dass das Vertrauensverhältnis zwischen dem Mandanten und mir so stabil ist, dass auch einige Wochen und Monate dieses nicht zerstören**

- **Was soll mir schon passieren? Ich habe aktuell keinen Kontakt mit dem Mandanten. Im schlimmsten Fall wird dieser Zustand sich nicht verändern, wenn er mit mir nicht mehr sprechen möchte**

Auswahl der richtigen „Bühne"

Der einfachste Weg, einen Kontakt wieder aufleben zu lassen, ist der Griff zum Telefonhörer. Rufen Sie Ihren Mandanten einfach an.

Beispiel:

„Guten Tag Frau/Herr Y, hier spricht Rechtsanwalt... von der Kanzlei... Schön, dass ich sie erreiche. Wir haben ja lange nichts voneinander gehört. Wie geht es ihnen?"

Wenn Sie es passend finden, dann sprechen Sie den Mandanten auf ein vorheriges Projekt an, in dem Sie beraten haben:

Beispiel:

„Wie hat sich das Projekt... denn weiter entwickelt? Ist alles so eingetroffen, wie von uns erwartet? Sind unsere Ideen aufgegangen?"

Ziel des Gespräches ist es zunächst, den Kontakt zum Mandanten wieder herzustellen und dann zu schauen, ob es einen aktuellen gemeinsamen Anknüpfungspunkt gibt. Wechseln Sie nicht zu schnell von Small Talk zum eigentlichen Geschäft. Es braucht etwas Zeit, um den Kontakt wieder aufleben zu lassen.

Nicht jedem Menschen fällt es leicht, einfach den Telefonhörer aufzunehmen und einen Kontakt zu aktivieren. Wenn Sie merken, dass das nicht der richtige Weg für Sie ist, dann suchen Sie nach einer anderen Gelegenheit, Ihren Mandanten zu treffen.

Gibt es Netzwerke, denen Sie beide angehören? Arbeitet er in gewissen Arbeitsgruppen mit? Nimmt er an speziellen Tagungen teil? Wenn Sie über XING oder Linkedin vernetzt sind, können Sie ihn auch darüber ansprechen und ihn fragen, ob er Lust auf einen Austausch hat. Allerdings würde ich persönlich die Aufnahme des direkten Kontaktes immer vorziehen. Nicht alle Mandanten schauen sich regelmäßg die Postfächer in den sozialen Netzwerken an und so kann es sein, dass Ihre Mitteilung gar nicht wahrgenommen wird.

Haben Sie sich nun entschlossen, einen bestimmten Mandanten auf einem Netzwerktreffen anzusprechen und den Kontakt wieder zu aktivieren, dann sollten Sie sicher gehen, dass er dort auch Zeit für Sie hat. Bereiten Sie das Treffen vor, indem Sie zum Beispiel den Mandanten per E-Mail kurz fragen, ob auch er am... an der Veranstaltung... teilnimmt. Schreiben Sie ihm, dass Sie sich sehr freuen würden, ihn dort zu treffen und ob er etwas Zeit mit Ihnen verbringen möchte. Diese E-Mail könnte zum Beispiel so aussehen:

„Liebe(r) Frau/Herr Y, wir haben ja schon lange nichts mehr voneinander gehört. Ich würde mich sehr gerne einmal wieder mit ihnen austauschen. Am... findet in ... die Veranstaltung... statt. Werden sie auch an dieser teilnehmen? Haben sie Lust und Zeit, mich dort zu treffen? Ich freue mich auf eine Nachricht. Viele Grüße."

Haben Sie gerade etwas anzubieten?

Auch wenn überhaupt nichts dagegen spricht, den Mandanten einfach anzurufen und sich mit ihm etwas auszutauschen, fällt es vielen Menschen einfacher, wenn sie etwas „mitbringen" können.

Insofern stellt sich die Frage, ob Sie gerade inhaltlich-fachlich dem Mandanten etwas bieten können, was ihn interessieren könnte. So haben Sie gleich einen fachlichen Grund, sich bei ihm zu melden und die Hemmschwelle wird etwas kleiner.

Worüber genau würde sich der Mandant freuen und was ist für ihn ein Mehrwert?

- **Eine interessante Marktinformation, die Sie weitergeben dürfen**

- **Eine rechtliche Änderung, die demnächst auch ihn treffen wird**

- **Ein Best Practise Beratungsprojekt, über das Sie sich gerne mit ihm austauschen möchten**

- **Ein Newsletter, Blogeintrag, Gutachten, Artikel, der für den Mandanten interessant sein könnte**

- **Eine Netzwerkeinladung, die Sie gerne aussprechen möchten**

- **Ein Forum, eine Tagung oder sonstige Veranstaltung, die für ihn fachlich interessant sein könnte**

- **Die Einladung, als Redner einen gemeinsamen Fachabend mit Ihnen zu gestalten**

- **Die Einladung, einen gemeinsamen Artikel mit ihm zu schreiben**

- **Eine interne Veranstaltung in der Kanzlei, zu dem Sie ihn gerne einladen möchten**

Das sind nur einige Ideen, die Sie als Anknüpfungspunkt

nutzen können. Sicher fallen Ihnen noch weitere ein, wenn Sie einmal darüber nachdenken.

Beispiel:

Rechtsanwältin Ude hat schon einige Monate nichts mehr von ihrem Mandanten Klein gehört. Sie möchte mit diesem unbedingt wieder Kontakt aufnehmen und sucht gerade nach einer guten Gelegenheit. Natürlich könnte sie einfach zum Telefonhörer greifen, aber das ist nicht ihr Stil und sie fühlt sich bei diesem Gedanken auch nicht wohl.

Ihr Kollege Dr. Timm wird in vier Wochen ein interessantes Frühstücksseminar anbieten, das auch für Herrn Klein interessant sein dürfte. Das wäre doch eine schöne Gelegenheit, sich wieder einmal auszutauschen, so denkt Frau Ude. Sie ist sich gerade noch unsicher, ob sie Herrn Klein per Post, Telefon oder E-Mail einladen sollte. Natürlich wäre der Postweg der einfachste. Frau Ude möchte Herrn Klein aber das Gefühl geben, dass er ihr besonders am Herzen liegt. Daher entschließt sie sich, den Mandanten anzurufen und ihn persönlich einzuladen. Sie hat den folgenden Text vorbereitet:

„Guten Tag Herr Klein, Rechtsanwältin Ude. Wir haben ja schon etwas länger nichts mehr voneinander gehört. Geht es ihnen gut? Mein Kollege, Herr Dr. Timm, veranstaltet am... in unserer Kanzlei ein Frühstücksseminar zum Thema... Da habe ich gleich an sie gedacht. Haben sie Lust und Zeit zu kommen? Wir würden uns sehr freuen. Ich werde auch dabei sein und fände es sehr

schön, wenn wir uns im Rahmen dieser Veranstaltung auch etwas austauschen könnten."

Ganz egal, in welcher Form Sie den Kontakt zum Mandanten aufnehmen, gucken Sie nach vorne und beginnen Sie nicht mit einer Entschuldigung. Das macht Sie nur klein und fühlt sich für Sie auch nicht gut an. Und wofür genau sollten Sie sich eigentlich entschuldigen? Es besteht ja nicht die offizielle Verpflichtung, sich regelmäßig beim Mandanten zu melden, wenn Sie gerade nicht mit ihm in einem Projekt zusammenarbeiten. Vielmehr ist es Ihr eigener Anspruch, den Sie verfolgen und natürlich wirtschaftlich sinnvoll, da der Mandant sich ansonsten nicht wirklich mit Ihnen verbunden fühlt und möglicherweise andere Berater auswählt.

Insofern hier noch ein kleiner Textbaustein, was Sie tun bzw. eher unterlassen sollten bei der Wiederaufnahme eines Kontaktes:

Negatives Beispiel:

„Lieber Mandant Y, schön, dass wir uns hier wiedersehen. Erst einmal möchte ich mich dafür entschuldigen, dass ich mich so lange nicht gemeldet habe. Der Grund dafür war... Aber ich hoffe, dass wir den Faden heute wieder aufnehmen können."

Positives Beispiel:

„Lieber Mandant Y, schön, dass wir uns hier wiedersehen. Wir haben uns ja lange nicht mehr gesprochen. Wie geht

es ihnen? Was machen die Projekte? Welche Aufgaben stehen aktuell bei ihnen an?"

An welchen Themen der Mandantenkommunikation möchten Sie zukünftig arbeiten?

Wie genau gehen Sie dabei vor, um sicherzustellen, dass Sie dranbleiben?
Welchen Zeitrahmen setzen Sie sich?

Welche Gespräche mit Mandanten nutzen Sie als „Übungsbühne"?

Woran genau stellen Sie fest, dass sich Ihre Kommunikation verbessert hat?